빠른 합격, MOS 365 시험 완벽 대비!

MOS 365
PowerPoint
Associate

머리말

과학 기술의 발전으로 업무 환경이 모두 디지털화됨에 따라 Microsoft Office는 단순한 문서 편집 프로그램을 넘어 조직의 생산성과 직결되는 핵심 플랫폼으로 자리 잡았습니다. 특히 Microsoft 365는 클라우드 기반의 협업, 자동 저장, AI 보조 기능 등으로 한층 진화된 오피스 환경을 제공하며 개인과 조직 모두에게 새로운 업무 방식과 기회를 제시하고 있습니다. 이처럼 변화한 업무 환경에서는 Office 도구를 실제 업무 흐름 속에 능숙하게 활용할 수 있는 능력이 중요하며 이 능력을 객관적으로 증명할 수 있는 국제 자격이 바로 Microsoft Office Specialist(MOS) 365 자격증입니다.

MOS 365는 단순한 자격증이 아닙니다.

MOS 자격증은 오피스의 기본 기능을 암기하는 수준을 넘어 실제 업무 시나리오에 맞춰 Office를 어떻게 활용할 수 있는지 평가합니다. 즉, 단순히 버튼을 아는 것이 아니라, 주어진 과업을 효과적으로 해결할 수 있는 능력을 보는 시험입니다. 이는 곧, 시험을 준비하는 과정 자체가 실무 능력 향상의 과정이 되는 셈입니다. MOS 365는 최신 Microsoft 365 기능을 기반으로 구성되어 데이터 시각화, 스마트 자동화 기능 등을 포함한 최신 업무 환경에 대응할 수 있는 실질적 역량을 길러줍니다. 자격증 취득은 단지 하나의 목표가 아닌, 여러분이 미래의 디지털 업무 환경에서 자신 있게 업무를 수행할 수 있는 준비가 되었다는 신호입니다.

MOS 365 자격증 취득을 위한 빠른 길을 안내합니다.

MOS 365 자격증 시험은 그 범위가 넓고 기능이 다양해 어디서부터 어떻게 시작할지 막막한 경우가 많습니다. 이 책은 그러한 고민을 해결해 줄 수 있도록 다음 세 가지 방향을 중심으로 기획하고 집필했습니다. 첫째, 수험생에게 가장 먼저 다가갈 수 있도록 구성했습니다. MOS 365 자격증 시험이 새롭게 개편되면서 출제 경향과 시험 환경에 적응하는 것도 수험생에게는 큰 부담입니다. 본서는 MOS 365 정식 시험 출제 구조와 경향을 반영하여 시험에 처음 도전하는 학습자도 쉽게 이해하고 준비할 수 있도록 구성하였습니다. 또한, 실제 시험과 유사한 문제 유형과 흐름으로 실전 감각을 익히는 데 효과적입니다.

둘째, 시험 합격 가능성을 높이는 효율적인 학습 구조입니다. 오랜 기간 MOS 강의를 진행한 전문 강사진이 출제 경향을 철저히 분석하여 기능별 중요도를 상·하로 구분하고 출제 가능성이 높은 항목은 반복적으로 연습할 수 있도록 내용을 구성했습니다. 그리하여 단기간 내에 자격증 취득을 원하는 학습자는 핵심만 집중하여 빠르게 학습을 끝낼 수 있습니다. 셋째, 초보자도 흐름을 따라갈 수 있도록 체계적으로 설계했습니다. 각 단원은 기능 설명 → 예시 화면 → 실습 → 자가 점검의 흐름으로 구성되어 실제 화면을 중심으로 직관적인 설명을 제공해 처음 Office를 접하거나 IT에 익숙하지 않은 분들도 충분히 혼자 학습을 이어갈 수 있습니다. 또한, 실습 중 혼동할 수 있는 부분은 팁을 통해 친절하게 안내합니다.

자격증은 시작일 뿐, 여러분의 성장 여정을 위한 디딤돌입니다.
MOS 365 자격증은 단순히 시험에 합격했다는 것을 넘어, 여러분이 Office의 핵심 기능을 실제 업무에 적용할 수 있는 사람임을 객관적으로 증명해 주는 강력한 도구입니다. 이는 곧 취업, 승진, 이직 등 인생의 중요한 순간에서 여러분의 역량을 나타내는 결정적인 무기가 될 수 있습니다. 하지만 더 중요한 것은 이 책을 통해 여러분이 Office 도구를 '도구 그 이상'으로 활용할 수 있는 감각을 익히게 되는 것입니다. 단지 자격증을 따기 위해서가 아니라 여러분의 실무 능력을 한 단계 더 성장시키기 위해, 이 책은 탄탄한 기반과 반복 가능한 학습 설계를 갖추었습니다.

여러분의 합격을 진심으로 응원합니다.
이 책은 여러분이 단 한 번에 합격할 수 있도록 돕는 것을 목표로 하며 동시에 Office를 보다 전략적으로, 능동적으로 활용할 수 있는 디지털 전문가로 성장할 수 있는 기반을 제공합니다. 여러분의 시간과 노력이 헛되지 않도록 이 책이 가장 실용적인 안내서가 되어줄 것입니다. 자격증 취득의 첫걸음부터 실무 활용까지 여러분의 여정을 진심으로 응원합니다. 감사합니다.

김경희·오해강

MOS 365 소개

✓ MOS란?

MOS(Microsoft Office Specialist)는 마이크로소프트 오피스 프로그램 활용 능력을 검증하는 자격증으로 150개국 이상에서 인정하고 마이크로소프트사가 공식 인증하는 국제 인증 자격시험입니다. 시험은 실기 시험으로만 진행되며 Excel, Word, PowerPoint에 대한 활용 능력을 평가합니다. 시작부터 종료까지 100% 컴퓨터 상에서 진행되는 CBT(Computer Based Test) 방식으로 정확한 평가와 더불어 시험 종료 즉시 결과를 확인할 수 있습니다.

✓ MOS 활용

현재 170여 개국, 9,500여 개 시험 센터에서 시행되는 MOS 국제 자격증은 세계 어디서나 인정받을 수 있습니다. 미국에서는 이미 보편화된 자격증으로 국내에서는 취업 자격을 갖추고자 하는 대학생들과 직장인들의 승진 및 인사고과 자료에 적극 활용되고 있습니다.

✓ MOS 시험 개요

- **응시자격** : 제한 없음
- **시험구성** : 과목당 15~40문제로 구성되며, Associate(일반), Expert(상급) 모두 50분간 진행/종료 후 결과 확인
- **시험진행** : 전국 시험 센터에서 진행, 실기 100%
- **시험일정** : 상시 시험(월요일~일요일), 센터별 상이
- **시험접수** : 응시일 2일 전까지 접수 가능

⊘ MOS 365의 특징

MOS 365 시험은 단편적인 기능 중심의 문제가 많이 출제되었던 MOS 2016 시험과 다르게 실무 환경을 반영한 시나리오 기반 문제가 강화되어 사용자가 실제 업무를 처리하는 것처럼 여러 기능을 조합해 문제를 해결해야 고득점을 받을 수 있습니다. 또한, MOS 2016 시험에서는 지원되지 않았거나 제한적으로 사용되었던 자동 저장, 새로운 차트 유형, 동적 배열 함수 등 Office 최신 기능이 다수 포함되어 있습니다.

⊘ MOS 365 합격 기준

1,000점 만점으로 보통 700점 이상이면 합격입니다. 다만, 과목별 또는 자격증 레벨별로 시험 난이도가 달라 합격 점수가 약간 조정될 수도 있습니다.

⊘ 자격증 레벨

▸ MOS 365 버전은 Word, Excel, PowePoint 총 3과목이 시행되고 있으며, Word와 Excel은 Expert 레벨이 추가로 시행됩니다.

레벨	설명	자격증
Expert	특정 MS Office 응용프로그램 전문가 수준	Excel(Expert) Word(Expert)
Associate	특정 MS Office 응용프로그램을 능숙하게 다룰 수 있는 수준	Excel(Associate) Word(Associate) PowerPoint(Associate)

✓ MOS 365 평가항목

▶ Excel 365 Associate 평가항목 | 시험시간 : 50분 / 합격 점수 1,000점 중 700점 이상

평가 영역	시험구성
워크시트 및 통합 문서 관리	통합 문서 데이터 가져오기 통합 문서 탐색 워크시트 및 통합 문서 서식 지정 옵션 및 보기 사용자 정의 공동 작업 및 배포를 위한 통합 문서 준비
데이터 셀 및 범위 관리	워크시트 데이터 작성, 셀 및 범위 서식 지정 셀 범위 정의 및 참조, 데이터 시각적 요약
테이블 데이터 관리	테이블 생성 및 서식 지정, 테이블 수정 테이블 데이터 필터링 및 정렬
수식과 함수 사용	참조 삽입, 데이터 계산 및 변환, 텍스트 서식 지정 및 수정
차트 관리	차트 만들기, 차트 수정 차트 서식 지정

▶ Word 365 Associate 평가항목 | 시험시간 : 50분 / 합격 점수 1,000점 중 700점 이상

평가 영역	시험구성
문서 관리	문서 탐색, 문서 서식 적용, 문서 저장 및 공유, 문서 검사
텍스트, 단락, 구역 삽입 및 서식 적용	텍스트 삽입 텍스트 및 단락 서식 적용 문서 구역 생성 및 구성
표 및 목록 관리	표 만들기, 표 수정, 목록 만들기 및 수정
참조 생성 및 관리	각주, 미주 생성 및 관리, 목차 생성 및 관리
개체 삽입 및 서식 적용	그림 및 텍스트 상자 삽입 그림 및 텍스트 상자 서식 지정 SmartArt 텍스트 추가 SmartArt 수정
문서 공동작업 관리	댓글 추가 및 관리, 변경 내용 추적 관리

▶ PowerPoint 365 Associate 평가항목 | 시험시간 : 50분 / 합격 점수 1,000점 중 700점 이상

평가 영역	시험구성
프레젠테이션 관리	슬라이드, 유인물, 슬라이드 노트 마스터 수정
	프레젠테이션 옵션 및 보기 변경
	프레젠테이션에 대한 인쇄 설정 구성
	슬라이드 쇼 구성 및 표시
	공동 작업 및 배포를 위한 프레젠테이션 준비
슬라이드 관리	슬라이드 삽입
	슬라이드 수정
	슬라이드 순서 변경 및 그룹화
텍스트, 도형, 이미지 삽입 및 서식지정	텍스트 서식 지정
	링크 삽입
	이미지 삽입 및 서식 지정
	그래픽 요소 삽입 및 서식 지정
	슬라이드 콘텐츠 순서 지정, 정렬 및 그룹화
테이블, 차트, Smart Art 삽입, 3D모델 및 미디어 삽입	테이블 삽입 및 서식 지정
	차트 삽입 및 수정
	Smart Art 삽입 및 서식 지정
	3D 모델 삽입 및 수정
	미디어 삽입 및 관리
슬라이드 전환 및 애니메이션 적용	슬라이드 전환 적용 및 구성
	슬라이드 내용에 애니메이션 적용

주요 화면 구성

✓ MOS 365 PowerPoint 시험 화면 구성

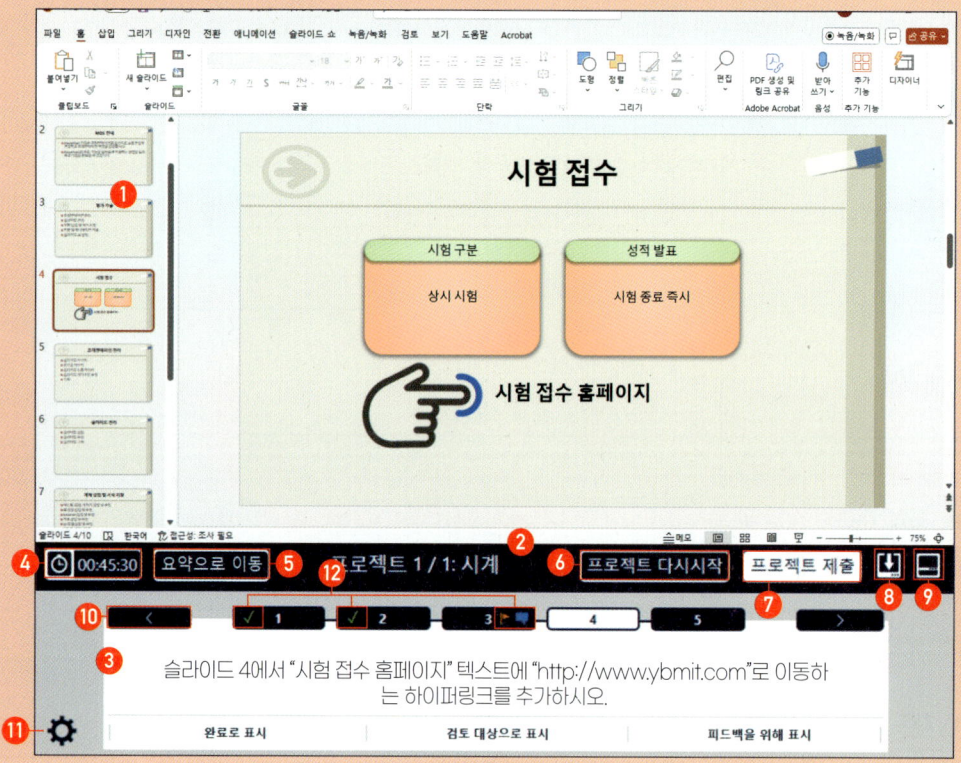

① **프로젝트 파일** : 프로젝트 파일에서 시험 문제를 해결합니다.
② **분할줄** : 시험 패널 및 프로젝트 파일 영역의 높이를 변경할 수 있습니다.
③ **시험 패널** : 수행해야 하는 과제가 표시됩니다.
④ **타이머** : 남은 시험 시간을 표시합니다.
⑤ **요약으로 이동** : 모든 프로젝트 작업을 한눈에 볼 수 있는 요약 화면으로 특정 작업으로 돌아가려면 해당 작업을 클릭합니다.
⑥ **프로젝트 다시 시작** : 프로젝트 내에 있는 모든 작업을 초기화합니다.
⑦ **프로젝트 제출** : 모든 작업을 완료한 후 해당 버튼을 클릭해 변경 사항을 저장하고 다음 프로젝트로 이동합니다.
⑧ **시험 패널 최소화** : 시험 패널을 최소화하여 프로젝트 파일 공간을 확보할 수 있습니다. 다른 작업을 표시하거나 이동하려면 패널을 다시 확장해야 합니다.
⑨ **시험 패널 복원** : 프로젝트 파일 및 시험 패널을 기본 구성으로 복원합니다.
⑩ **작업 간 이동** : 작업 탭을 클릭하거나 이전 또는 다음 작업 버튼을 클릭해 작업 간 이동할 수 있습니다.
⑪ **설정** : 설정 메뉴에서 도움말을 보거나 시험 패널의 배율을 변경할 수 있습니다. 시험 패널의 배율은 `Ctrl`+`+` (확대), `Ctrl`+`-`(축소), `Ctrl`+`0`(복원) 키를 눌러서 변경합니다.
⑫ **선택 사항** : 작업 탭과 시험 요약에서 진행 사항을 표시할 수 있습니다.

✓ PowerPoint 화면 구성

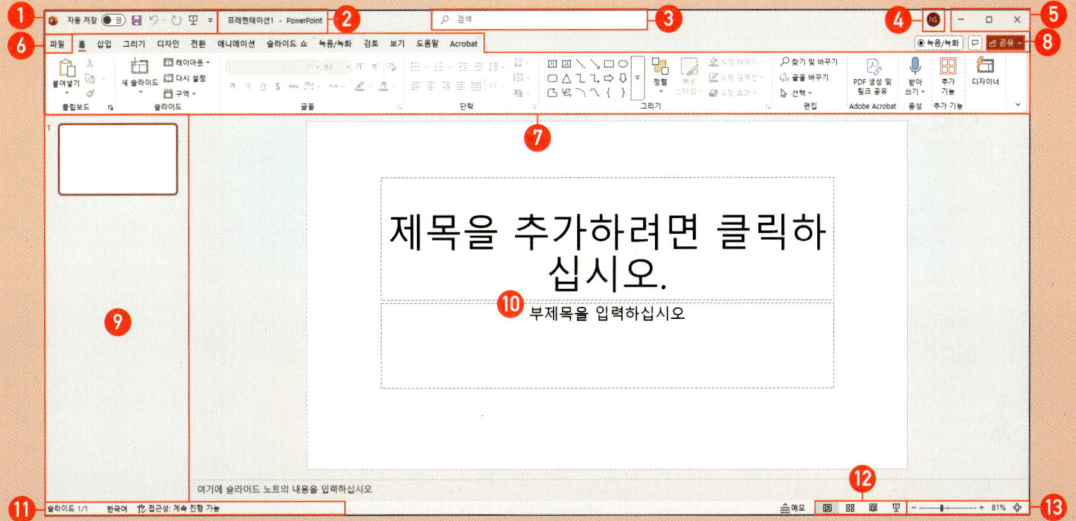

① **빠른 실행 도구 모음** : 저장, 실행 취소, 다시 실행 등이 기본적으로 제공되며 자주 사용하는 명령을 등록하여 빠르게 사용할 수 있습니다.

② **제목 표시줄** : 현재 열려 있는 파일의 이름을 표시합니다.

③ **검색** : 단순한 도움말 검색뿐만 아니라 명령 실행, 기능 탐색, 문서 검색, 도움말 찾기까지 가능한 스마트 검색 도구입니다.

④ **사용자 이름 및 사진** : Microsoft Office 2013부터 Microsoft Cloud 서비스인 OneDrive의 사용자 계정을 표시합니다.

⑤ **작업 창 조정** : 파워포인트 프로그램을 종료하거나 최대화, 최소화할 때 사용합니다.

⑥ **[파일] 탭** : 문서의 저장, 열기, 닫기, 새 문서 만들기와 인쇄 작업 등을 할 수 있습니다.

⑦ **리본 메뉴** : 탭과 그룹으로 구성되어 있으며 명령들이 아이콘 형태로 나누어져 있습니다.

⑧ **공유** : 클라우드에 저장된 문서를 다른 사용자와 공유할 수 있습니다.

⑨ **미리 보기 창** : 작업 중인 전체 슬라이드들이 표시되며 슬라이드 추가, 삭제, 이동 등의 다양한 작업을 할 수 있습니다.

⑩ **슬라이드 작업 창** : 텍스트, 그래픽, 표, 차트 등을 이용해 실제 작업을 진행하는 공간입니다.

⑪ **상태 표시줄** : 현재 편집 중인 문서의 상태(페이지 위치, 단어 수, 언어 설정 등)를 표시합니다.

⑫ **화면 보기 단추** : 읽기 모드, 인쇄 모양, 웹 모양으로 구성되어 있으며 원하는 보기 형태로 바로 이동할 수 있습니다.

⑬ **확대/축소** : 문서 편집 창의 화면 보기 배율을 드래그해 확대하거나 축소할 수 있습니다.

이 책의 구성

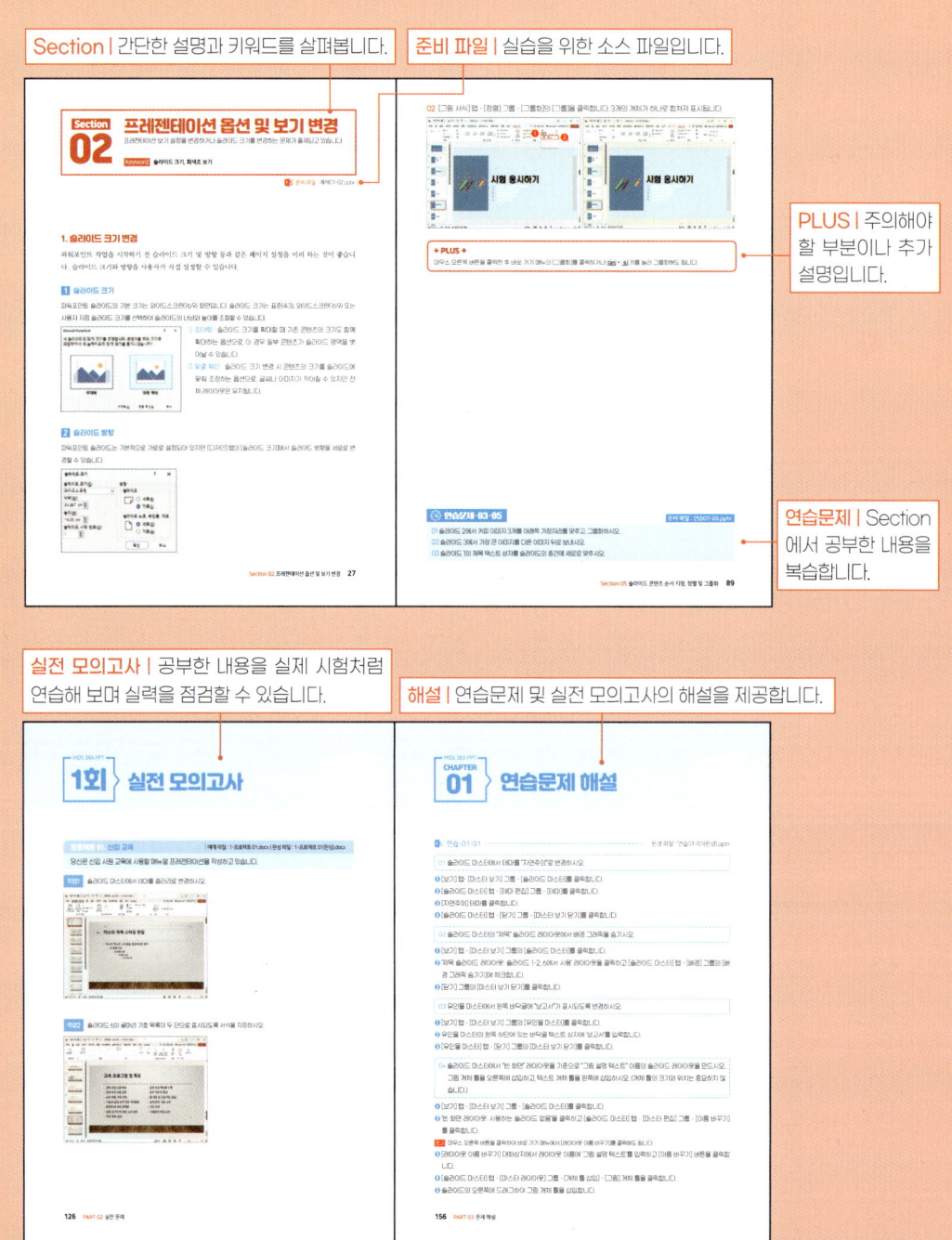

소스 파일 다운로드

1. 시대에듀 홈페이지(https://www.edusd.co.kr/book)에 접속한 후 로그인합니다.
* 시대에듀 회원이 아닌 경우 [회원가입]을 클릭하여 가입을 완료한 후 로그인합니다.

2. 홈페이지 메뉴에서 프로그램을 선택합니다.
* 홈페이지의 리뉴얼에 따라 위치나 텍스트 표현이 변경될 수 있습니다.

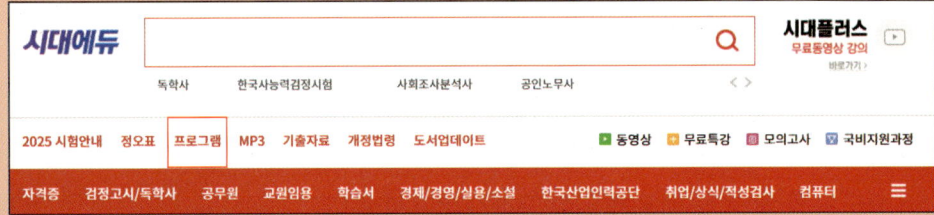

3. 프로그램 자료실 화면이 나타나면 책 제목을 검색합니다. 검색된 결과 목록에서 해당 도서의 자료를 찾아 제목을 클릭합니다.

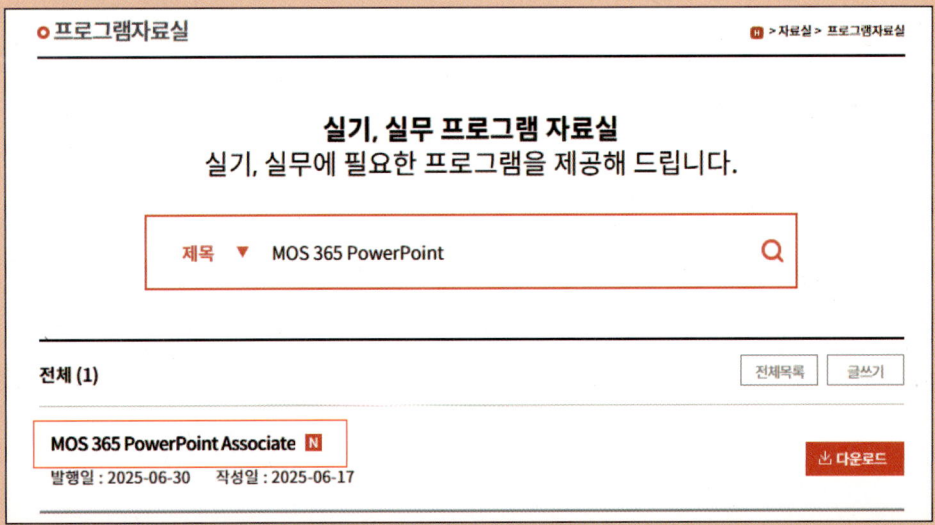

 목차

| PART 1 | 유형 분석

Chapter 1 | 프레젠테이션 관리

Section 01	슬라이드, 유인물, 슬라이드 노트 마스터 수정	16
Section 02	프레젠테이션 옵션 및 보기 변경	27
Section 03	프레젠테이션에 대한 인쇄 설정 구성	32
Section 04	슬라이드 쇼 구성 및 표시	37
Section 05	공동 작업 및 배포를 위한 프레젠테이션 준비	42

Chapter 2 | 슬라이드 관리

Section 01	슬라이드 삽입	51
Section 02	슬라이드 수정	57
Section 03	슬라이드 순서 변경 및 그룹화	62

Chapter 3 | 텍스트, 도형, 이미지 삽입 및 서식 지정

Section 01	텍스트 서식 지정	67
Section 02	링크 삽입	73
Section 03	이미지 삽입 및 서식 지정	77
Section 04	그래픽 요소 삽입 및 서식 지정	80
Section 05	슬라이드 콘텐츠 순서 지정, 정렬 및 그룹화	86

Chapter 4 | 테이블, 차트, SmartArt 삽입, 3D 모델 및 미디어 삽입

Section 01 테이블 삽입 및 서식 지정 — 91
Section 02 차트 삽입 및 수정 — 95
Section 03 SmartArt 삽입 및 서식 지정 — 101
Section 04 3D 모델 삽입 및 수정 — 107
Section 05 미디어 삽입 및 관리 — 109

Chapter 5 | 슬라이드 전환 및 애니메이션 적용

Section 01 슬라이드 전환 효과 적용 및 구성 — 115
Section 02 슬라이드 내용에 애니메이션 적용 — 118

| PART 2 | 실전 문제

Chapter 1 | 실전 모의고사

1회 실전 모의고사 — 126
2회 실전 모의고사 — 140

| PART 3 | 문제 해설

Chapter 1 | 연습문제 및 실전 모의고사 해설

연습문제 해설 — 156
실전 모의고사 해설 — 167

PART 01

유형 분석

POWER POINT

CHAPTER 01

프레젠테이션 관리

프레젠테이션의 서식, 보기, 인쇄, 슬라이드 쇼, 공동 작업 설정 등 문서의 전반적인 관리 기능에 대한 문제가 출제됩니다.

Section 01 슬라이드, 유인물, 슬라이드 노트 마스터 수정
Section 02 프레젠테이션 옵션 및 보기 변경
Section 03 프레젠테이션에 대한 인쇄 설정 구성
Section 04 슬라이드 쇼 구성 및 표시
Section 05 공동 작업 및 배포를 위한 프레젠테이션 준비

Section 01 슬라이드, 유인물, 슬라이드 노트 마스터 수정

마스터 기능을 활용하여 전체 또는 특정 슬라이드, 유인물, 슬라이드 노트에 서식을 지정하거나 레이아웃을 수정하는 문제가 출제되고 있습니다.

Keyword 슬라이드 마스터, 유인물 마스터, 마스터 레이아웃, 개체 틀 삽입

준비 파일 : 예제01-01.pptx

1. 슬라이드 마스터 테마 또는 배경 요소 변경

1 슬라이드 마스터

슬라이드 마스터는 모든 슬라이드 또는 특정 슬라이드 레이아웃에 공통적으로 작업해야 하는 경우 사용하는 기능입니다. 예를 들어 여러 슬라이드에 같은 배경이나 그림, 글꼴 서식을 적용해야 하는 경우 각 슬라이드마다 따로 작업해야 하는 번거로움 없이 슬라이드 마스터에서 한 번에 쉽고 빠르게 설정할 수 있습니다. [보기] 탭 - [마스터 보기] 그룹 - [슬라이드 마스터]를 클릭하면 [슬라이드 마스터] 탭이 표시되며 나머지 탭들의 기능은 변함이 없습니다.

2 [슬라이드 마스터] 탭 보기

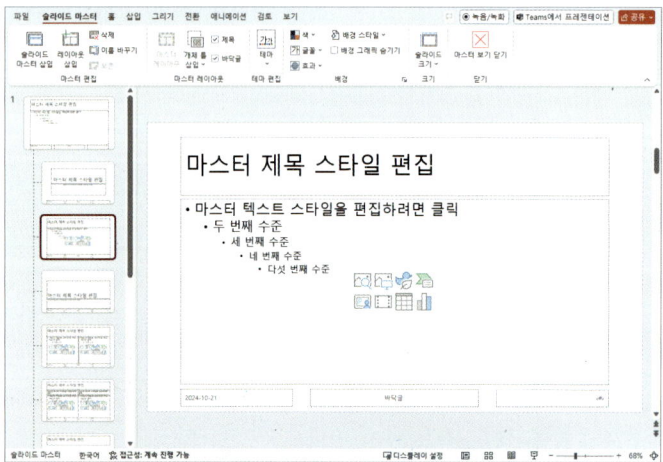

① **슬라이드 마스터 삽입** : 하나의 프레젠테이션에서 여러 슬라이드 마스터를 만들 경우 사용합니다.
② **레이아웃 삽입** : 기본 레이아웃 이외에 사용자가 원하는 레이아웃으로 추가할 수 있습니다.
③ **삭제** : 선택한 레이아웃이나 슬라이드 마스터를 제거합니다.
④ **이름 바꾸기** : 선택된 슬라이드 레이아웃의 이름을 변경합니다.
⑤ **마스터 레이아웃** : 슬라이드 마스터에 있는 개체 틀(제목, 텍스트, 날짜, 슬라이드 번호, 바닥글)의 표시 여부를 선택합니다.

⑥ **개체 틀 삽입** : 슬라이드 레이아웃에 추가할 개체 틀을 선택합니다. 텍스트, 그림, 차트, 표, SmartArt, 미디어 등을 추가할 수 있습니다.

⑦ **테마 및 배경** : 사용자가 원하는 테마와 배경을 적용합니다.

⑧ **슬라이드 크기** : 표준(4:3), 와이드스크린(16:9) 중에 선택이 가능하며 사용자 지정 슬라이드 크기를 설정할 수 있습니다.

⑨ **마스터 보기 닫기** : 슬라이드 마스터 보기 화면이 닫히며 슬라이드 작업 상태로 되돌아갑니다.

> **예제 01**
> ★★★
> 슬라이드 마스터에서 테마를 "패싯"으로 변경하고, "빈 화면" 레이아웃에서 슬라이드 배경 테마에 포함된 그래픽을 숨기시오.

01 [보기] 탭 - [마스터 보기] 그룹의 [슬라이드 마스터]를 클릭합니다.

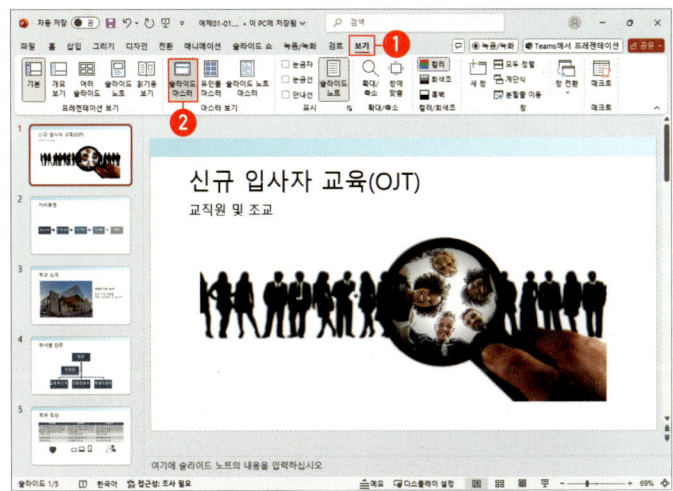

02 [슬라이드 마스터] 탭 - [테마 편집] 그룹의 [테마]를 클릭한 후 [패싯] 테마를 클릭합니다.

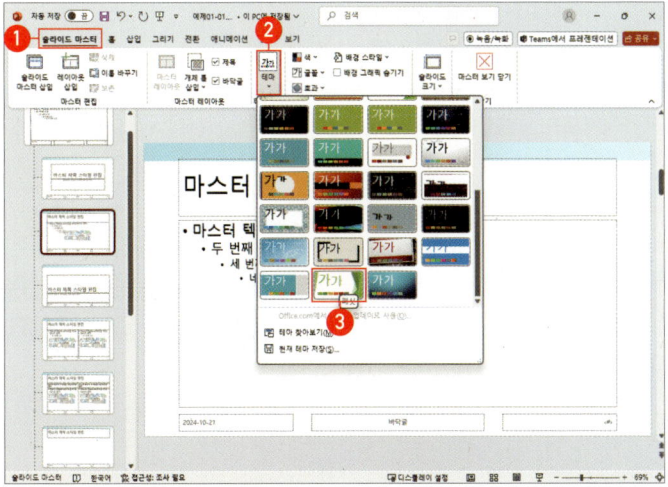

03 '빈 화면 레이아웃: 사용하는 슬라이드 없음' 슬라이드를 선택하고 [슬라이드 마스터] 탭 - [배경] 그룹의 [배경 그래픽 숨기기]를 체크합니다.

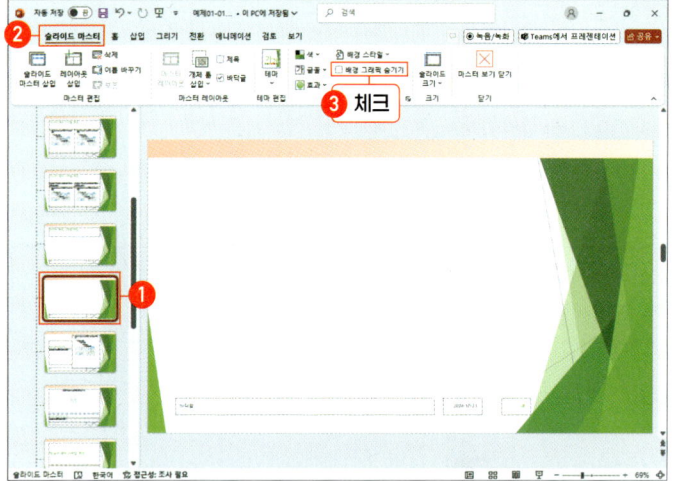

04 [슬라이드 마스터] 탭 - [닫기] 그룹의 [마스터 보기 닫기]를 클릭합니다.

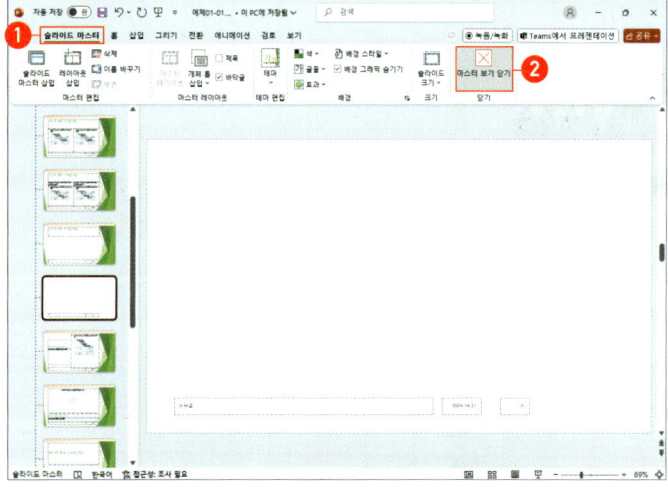

2. 슬라이드 마스터 콘텐츠 수정

1 모든 슬라이드에 레이아웃을 적용하는 방법

모든 슬라이드에 레이아웃을 공통적으로 적용해야 하는 경우 슬라이드 마스터 보기 상태에서 첫 번째 슬라이드에서 작업합니다. 예를 들어, 슬라이드 1에 도형을 삽입하면 전체 슬라이드에 도형이 표시되는 것을 확인할 수 있습니다.

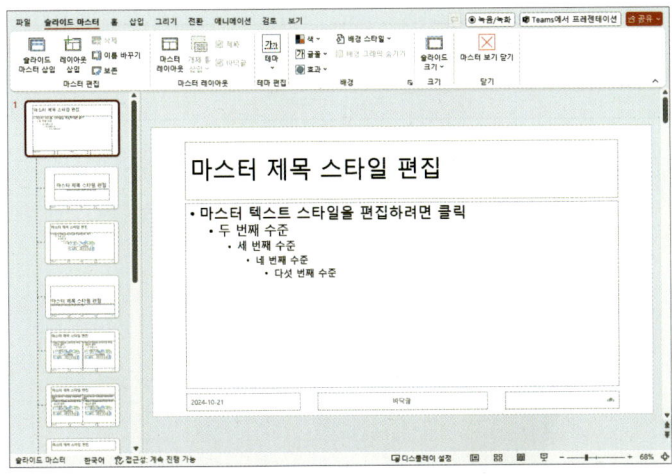

2 특정 슬라이드에 레이아웃을 적용하는 방법

특정 슬라이드에만 공통적으로 레이아웃을 적용해야 하는 경우 해당 슬라이드 레이아웃을 선택하여 작업합니다. 예를 들어, 세 번째 슬라이드인 '제목 및 내용 레이아웃'을 선택한 후 도형을 삽입하면 해당 레이아웃이 적용된 슬라이드만 도형이 표시되는 것을 확인할 수 있습니다.

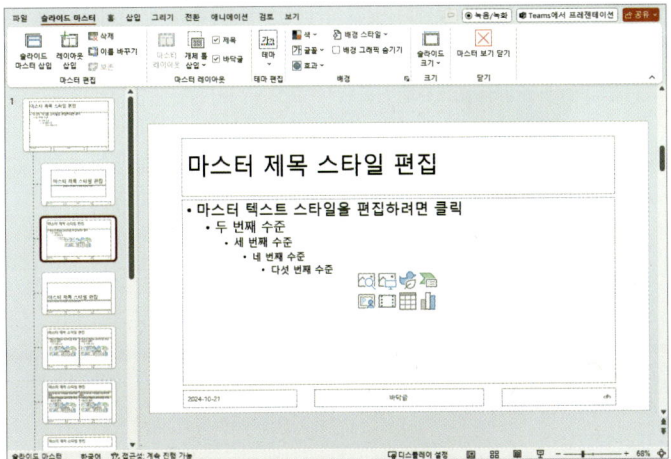

> **예제 02** ★★★ 슬라이드 마스터에서 날짜 개체 틀을 제거하시오.

01 [보기] 탭 - [마스터 보기] 그룹 - [슬라이드 마스터]를 클릭합니다.

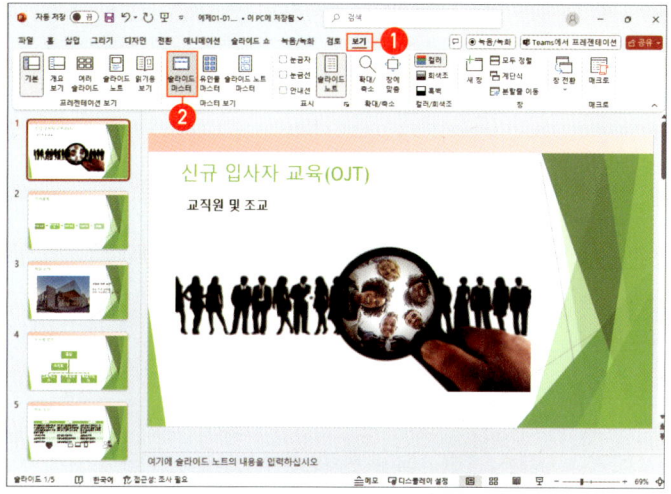

02 슬라이드 1을 클릭하고 [슬라이드 마스터] 탭 - [마스터 레이아웃] 그룹의 [마스터 레이아웃]을 클릭합니다.

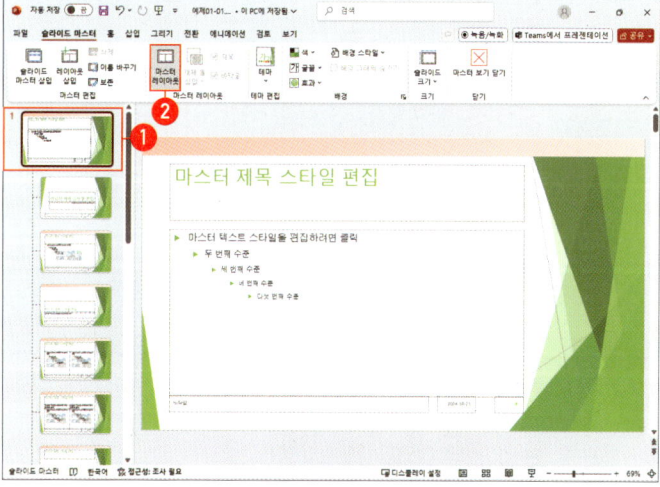

+ PLUS +
슬라이드 1을 클릭하지 않으면 [마스터 레이아웃]이 비활성화되므로 반드시 슬라이드 1을 클릭하고 수행해야 합니다.

03 [마스터 레이아웃] 대화상자에서 [개체 틀]의 [날짜] 체크를 해제한 후 [확인] 버튼을 클릭합니다.

+ PLUS +
제거된 개체 틀을 포함시키려면 [마스터 레이아웃] 대화상자에서 체크합니다.

04 [슬라이드 마스터] 탭 - [닫기] 그룹의 [마스터 보기 닫기]를 클릭합니다.

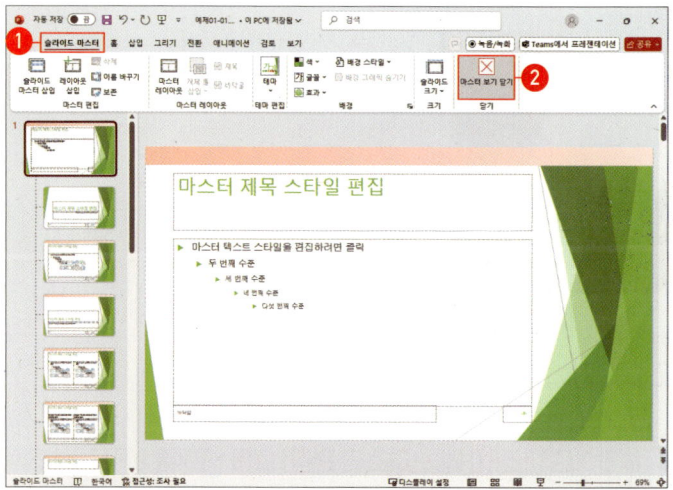

3. 슬라이드 마스터 레이아웃 수정

슬라이드 마스터는 프레젠테이션 전체의 디자인, 서식, 위치 지정을 제어하는 템플릿으로, 마스터 레이아웃을 활용하면 일관된 디자인을 유지하면서 효율적으로 작업할 수 있습니다. 새로운 레이아웃을 추가하지 않고도 기존 레이아웃을 수정하여 사용할 수 있으며, 필요한 경우 개체 틀을 추가하거나 테마, 서식, 배경 등을 변경해 활용할 수 있습니다.

> **예제 03** ★★★
> 슬라이드 마스터의 "빈 화면" 레이아웃의 이름을 "세로 텍스트와 그림"으로 설정하시오. 슬라이드의 왼쪽에 세로 텍스트 개체 틀과 오른쪽에 그림 개체 틀을 추가하시오. 개체 틀의 위치와 크기는 중요하지 않습니다.

01 [보기] 탭 - [마스터 보기] 그룹의 [슬라이드 마스터]를 클릭합니다.

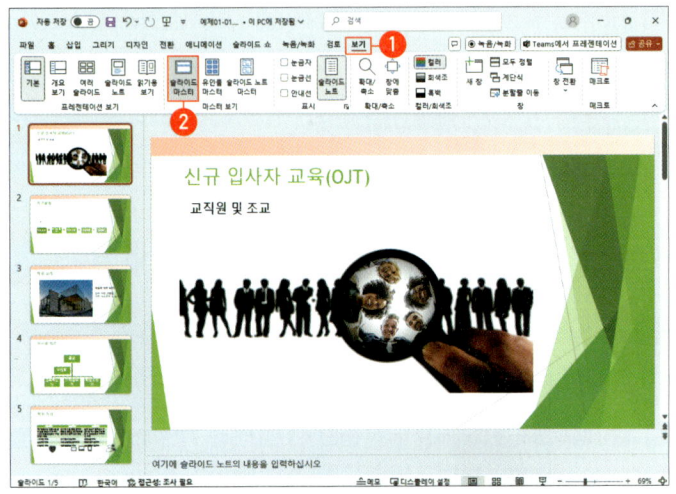

02 '빈 화면 레이아웃' 슬라이드를 클릭한 후 [슬라이드 마스터] 탭 - [마스터 편집] 그룹 - [이름 바꾸기]를 클릭합니다. [레이아웃 이름 바꾸기] 대화상자에서 [레이아웃 이름]에 '세로 텍스트와 그림'을 입력하고 [이름 바꾸기] 버튼을 클릭합니다.

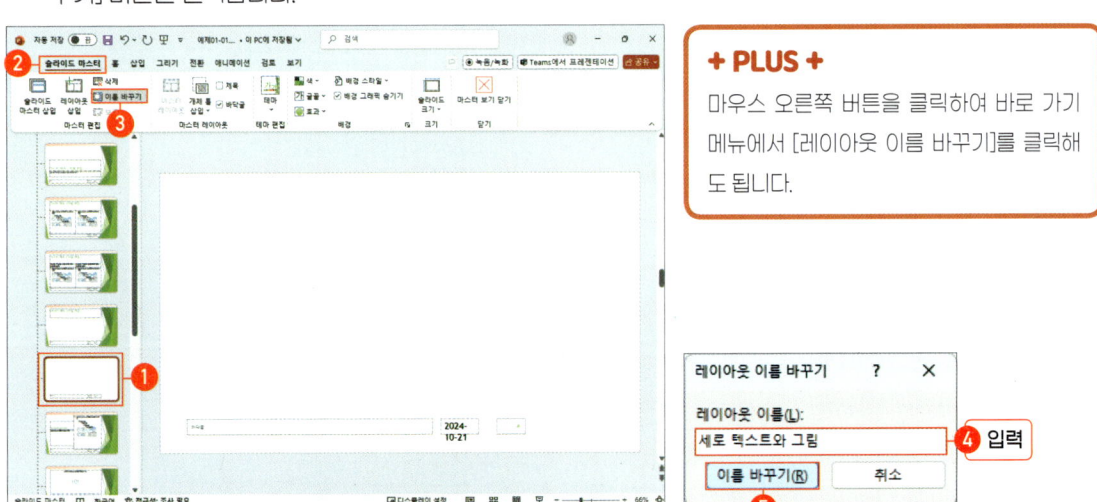

> **+ PLUS +**
> 마우스 오른쪽 버튼을 클릭하여 바로 가기 메뉴에서 [레이아웃 이름 바꾸기]를 클릭해도 됩니다.

03 [슬라이드 마스터] 탭 - [마스터 레이아웃] 그룹의 [개체 틀 삽입]을 클릭하고 [텍스트(세로)]를 클릭합니다.

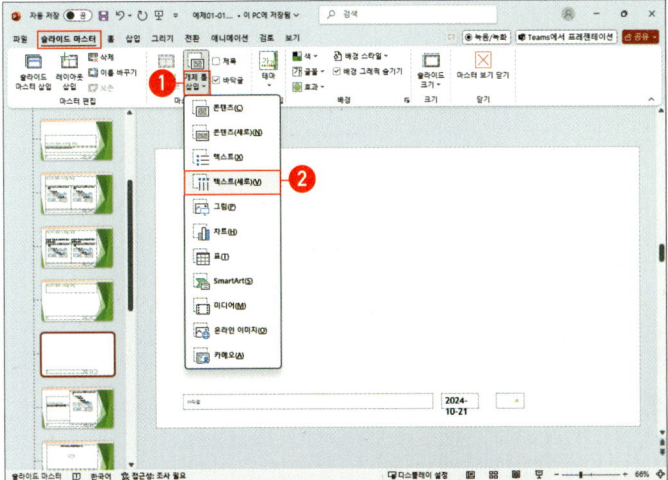

04 슬라이드 왼쪽에서 드래그하여 개체 틀을 삽입합니다.

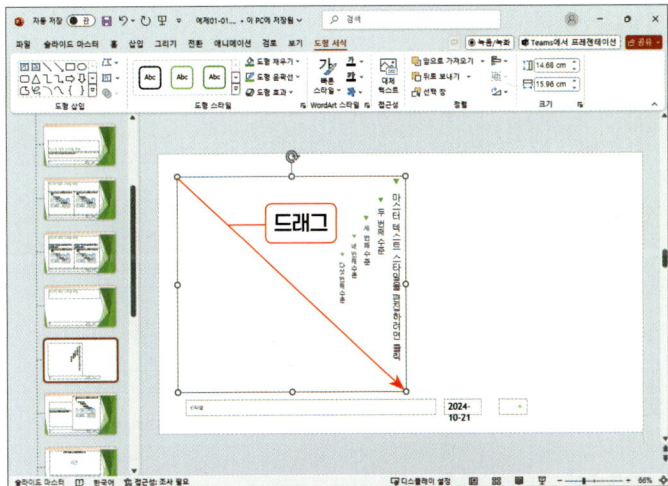

05 [슬라이드 마스터] 탭 - [마스터 레이아웃] 그룹의 [개체 틀 삽입]을 클릭하고 [그림] 개체 틀을 클릭합니다.

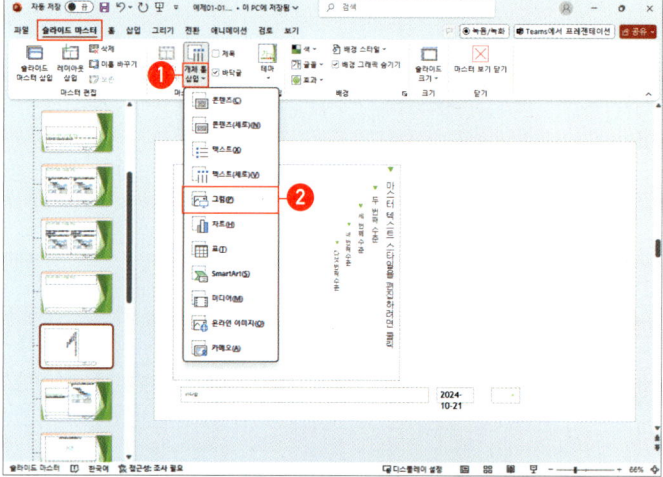

06 슬라이드의 오른쪽에 드래그하여 개체 틀을 삽입합니다.

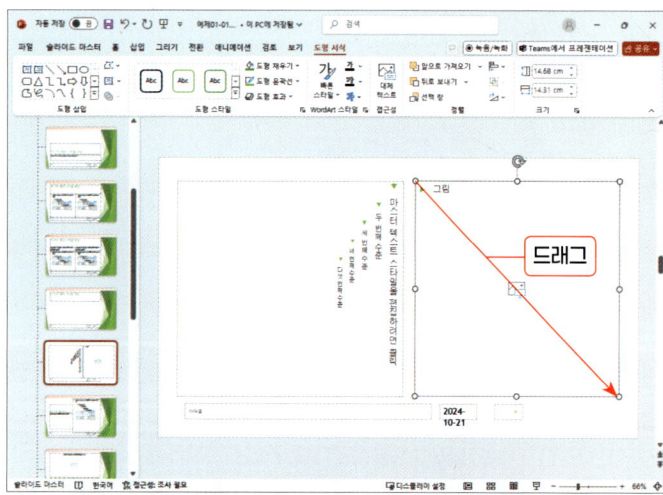

07 [슬라이드 마스터] 탭 - [닫기] 그룹의 [마스터 보기 닫기]를 클릭합니다.

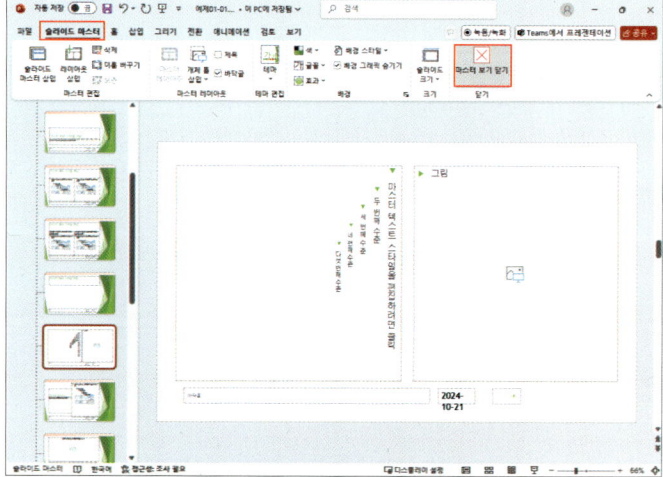

4. 유인물 마스터 수정

유인물 마스터는 프레젠테이션의 슬라이드를 유인물로 인쇄하는 경우 표시될 내용을 설정할 때 사용합니다. 유인물 한 페이지에 표시할 슬라이드 수와 유인물의 방향을 설정하고, 유인물의 배경 서식과 같은 디자인 및 머리글/바닥글과 같은 개체 틀을 추가하거나 삭제 또는 위치를 변경할 수 있습니다.

> **예제 04** ★★★ | 유인물 마스터에서 왼쪽 바닥글에 "신입 교육"을 표시하시오.

01 [보기] 탭 - [마스터 보기] 그룹의 [유인물 마스터]를 클릭합니다.

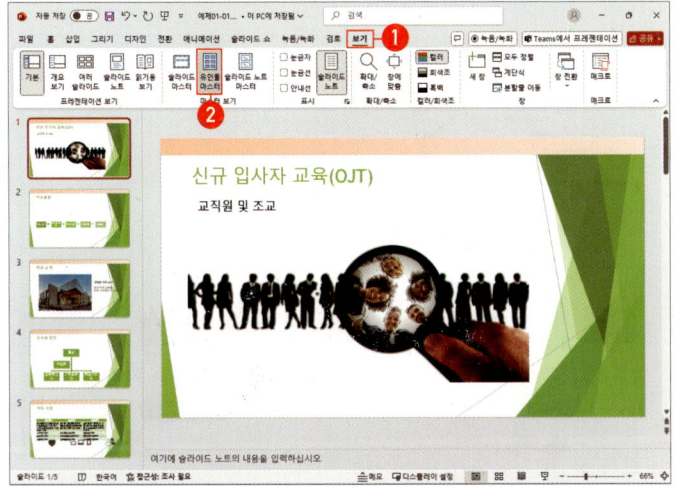

02 유인물 마스터의 왼쪽 하단에 있는 바닥글 텍스트 상자에 '신입 교육'을 입력합니다.

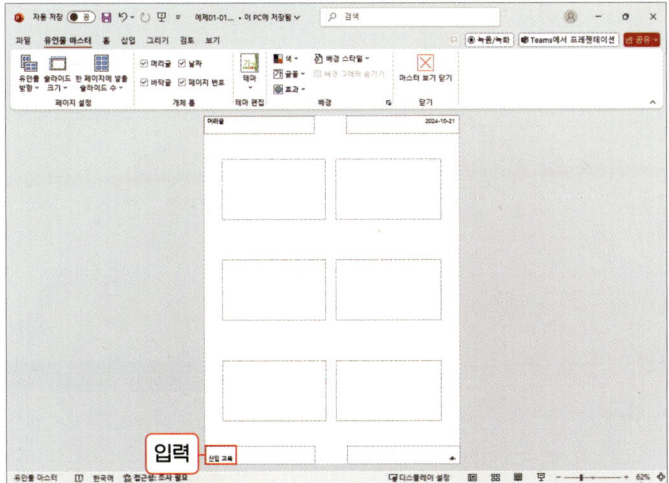

03 [유인물 마스터] 탭 - [닫기] 그룹의 [마스터 보기 닫기]를 클릭합니다.

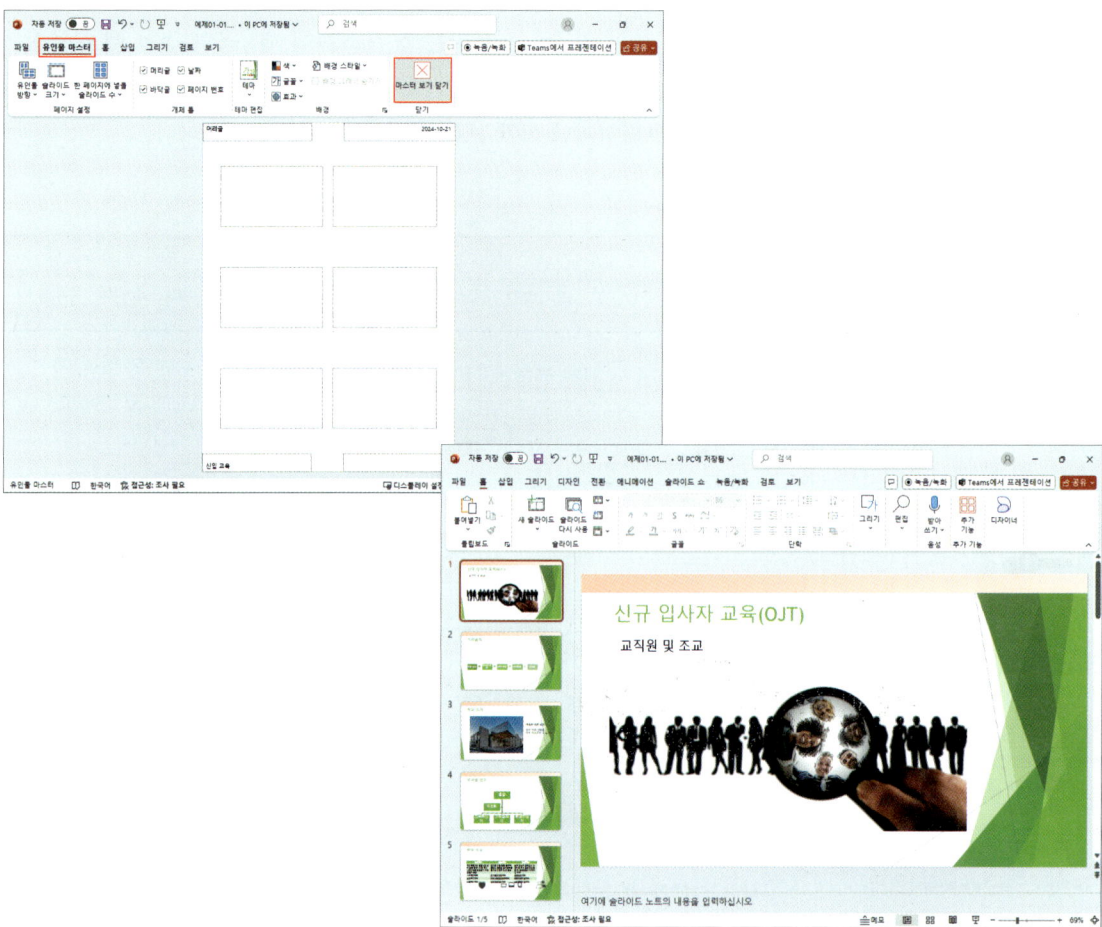

연습문제-01-01

준비 파일 : 연습01-01.pptx

01 슬라이드 마스터에서 테마를 "자연주의"로 변경하시오.
02 슬라이드 마스터의 "제목 및 내용" 슬라이드 레이아웃에서 배경 그래픽을 숨기시오.
03 유인물 마스터에서 왼쪽 바닥글에 "보고서"가 표시되도록 변경하시오.
04 슬라이드 마스터에서 "빈 화면" 레이아웃을 "그림 설명 텍스트" 이름의 슬라이드 레이아웃을 만드시오. 그림 개체 틀을 오른쪽에 삽입하고, 텍스트 개체 틀을 왼쪽에 삽입하시오. (개체 틀의 크기와 위치는 중요하지 않습니다.)

Section 02 프레젠테이션 옵션 및 보기 변경

프레젠테이션 보기 설정을 변경하거나 슬라이드 크기를 변경하는 문제가 출제되고 있습니다.

Keyword 슬라이드 크기, 회색조 보기

준비 파일 : 예제01-02.pptx

1. 슬라이드 크기 변경

파워포인트 작업을 시작하기 전 슬라이드 크기 및 방향 등과 같은 페이지 설정을 미리 하는 것이 좋습니다. 슬라이드 크기와 방향을 사용자가 직접 설정할 수 있습니다.

1 슬라이드 크기

파워포인트 슬라이드의 기본 크기는 와이드스크린(16:9) 화면입니다. 슬라이드 크기는 표준(4:3), 와이드스크린(16:9) 또는 사용자 지정 슬라이드 크기를 선택하여 슬라이드의 너비와 높이를 조절할 수 있습니다.

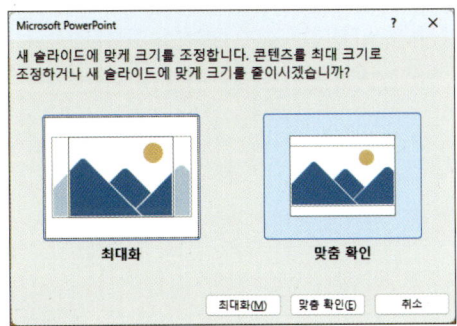

① **최대화** : 슬라이드 크기를 확대할 때 기존 콘텐츠의 크기도 함께 확대하는 옵션으로, 이 경우 일부 콘텐츠가 슬라이드 영역을 벗어날 수 있습니다.

② **맞춤 확인** : 슬라이드 크기 변경 시 콘텐츠의 크기를 슬라이드에 맞춰 조정하는 옵션으로, 글씨나 이미지가 작아질 수 있지만 전체 레이아웃은 유지됩니다.

2 슬라이드 방향

파워포인트 슬라이드는 기본적으로 가로로 설정되어 있지만 [디자인] 탭의 [슬라이드 크기]에서 슬라이드 방향을 세로로 변경할 수 있습니다.

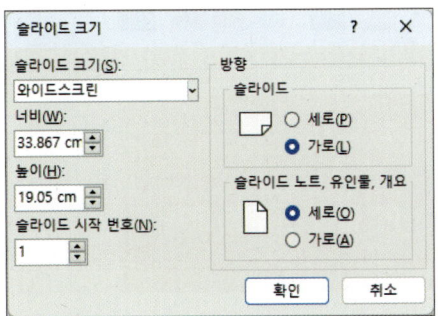

예제 01 ★★★

프레젠테이션의 슬라이드 크기를 너비 "33.069 cm", 높이 "19.05 cm"로 변경하시오. 용지 방향은 변경하지 마시오. 내용의 배율을 조정하여 맞춤 확인하시오.

01 [디자인] 탭 - [사용자 지정] 그룹의 [슬라이드 크기] - [사용자 지정 슬라이드 크기]를 클릭합니다.

02 [슬라이드 크기] 대화상자에서 너비 '33.069 cm', 높이 '19.05 cm'를 입력하고, [슬라이드 크기]가 [사용자 지정]인 상태에서 [확인] 버튼을 클릭합니다.

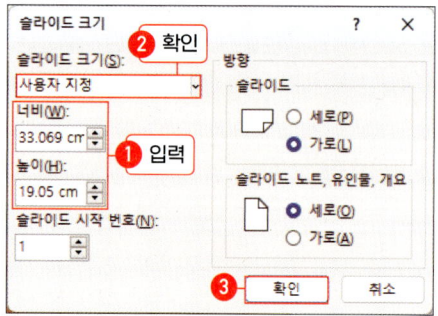

03 [새 슬라이드에 맞게 크기를 조정합니다. 콘텐츠를 최대 크기로 조정하거나 새 슬라이드에 맞게 크기를 줄이시겠습니까?] 대화상자에서 [맞춤 확인] 버튼을 클릭합니다.

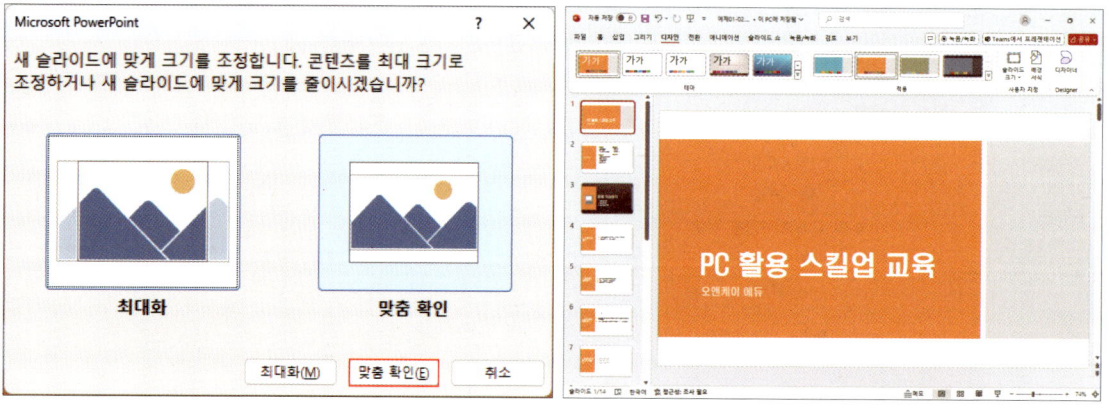

2. 프레젠테이션 보기

작업하는 상황에 따라 다양한 보기 방법으로 프레젠테이션을 볼 수 있습니다.

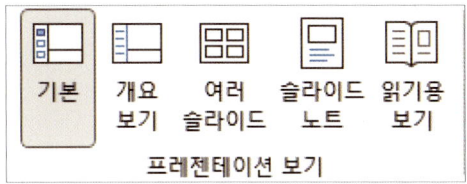

1 기본 보기

가장 일반적으로 사용하는 모드로 프레젠테이션을 슬라이드별로 편집할 때 기본 보기 상태에서 작업합니다.

2 개요 보기

전체 프레젠테이션을 손쉽게 이동하고 편집할 때 개요 보기 상태에서 작업합니다.

3 슬라이드 노트 보기

슬라이드 노트와 함께 인쇄되는 프레젠테이션의 모양을 확인할 수 있고, 각 슬라이드에 해당하는 노트를 작성하고 편집할 수 있습니다.

4 읽기용 보기

슬라이드 쇼로 재생하지 않으면서 슬라이드에 적용된 애니메이션과 화면 전환을 확인할 때 읽기용 보기로 작업합니다.

3. 슬라이드 색상

슬라이드 색상은 [보기] 탭의 [컬러/회색조] 그룹에서 설정할 수 있으며, 기본값은 컬러입니다. 컬러는 생동감 있는 표현에 적합하고, 회색조는 내용을 더 명확하게 전달할 때 효과적이며, 흑백은 강한 대비로 주목도를 높이고 싶을 때 유용합니다. 상황에 따라 적절한 색상 모드를 선택하면 슬라이드의 전달력을 높일 수 있습니다.

> **예제 02** ★★★ 슬라이드 3의 회색조 보기에서 컴퓨터 아이콘의 회색조 설정을 회색조 반전으로 변경하시오.

01 슬라이드 3의 '컴퓨터' 아이콘을 클릭합니다.

02 [보기] 탭 - [컬러/회색조] 그룹의 [회색조]를 클릭합니다.

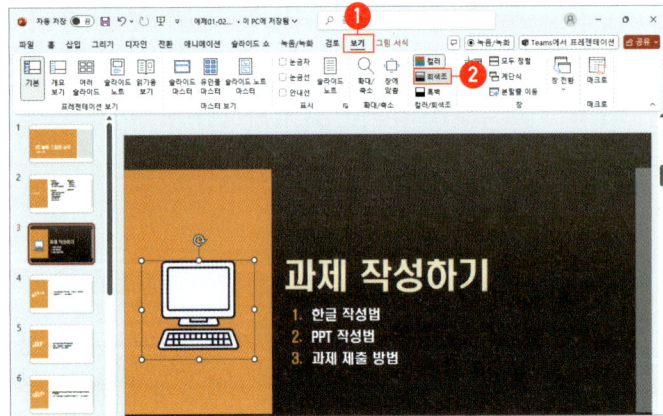

03 [회색조] 탭 - [선택한 개체 변경] 그룹의 [회색조 반전]을 클릭합니다.

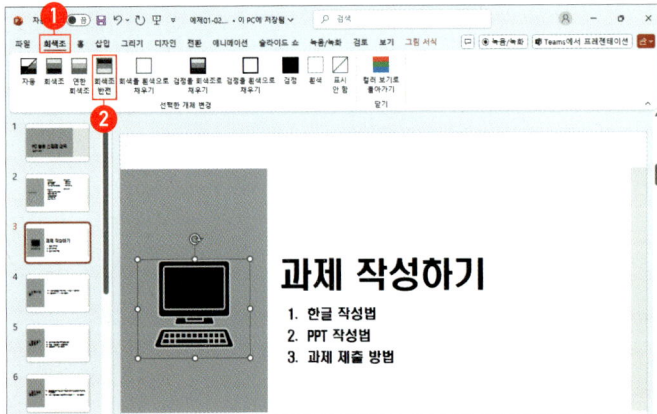

04 [회색조] 탭 - [닫기] 그룹 - [컬러 보기로 돌아가기]를 클릭합니다.

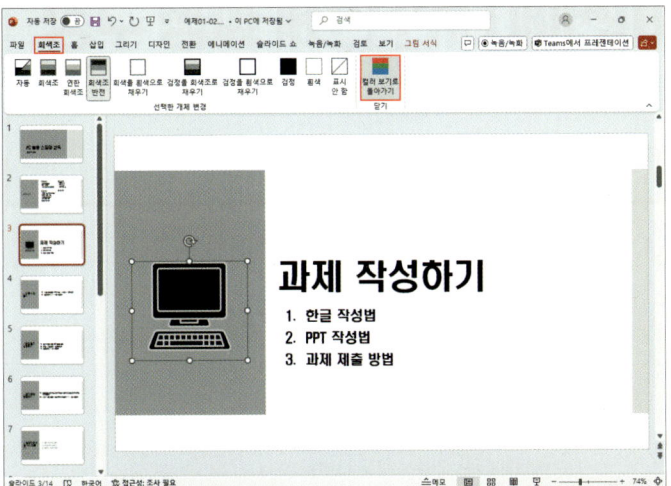

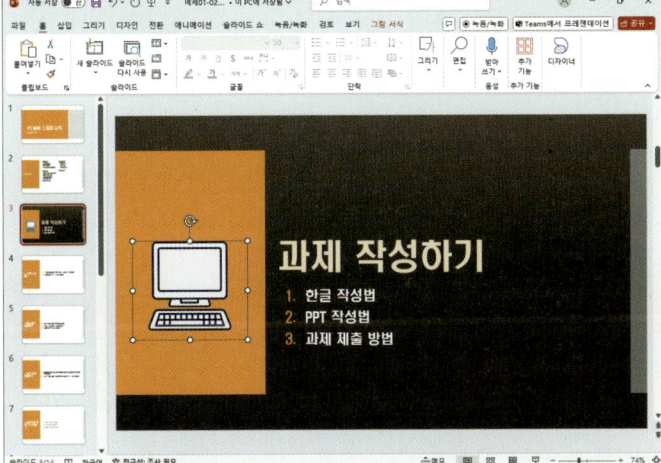

연습문제-01-02

준비 파일 : 연습01-02.pptx

01 프레젠테이션의 슬라이드 크기를 너비 "21.004 cm", 높이 "29.7 cm"로 변경하시오. 용지 방향은 변경하지 않고, 내용의 배율을 조정하여 맞춤을 확인하시오.

02 슬라이드 4의 회색조 보기에서 학사모 아이콘의 회색조 설정을 회색조 반전으로 변경하시오.

Section 03 프레젠테이션에 대한 인쇄 설정 구성

다양한 형식의 인쇄 옵션 설정 방법에 대한 문제가 출제되고 있습니다.

Keyword 유인물, 인쇄 옵션, 복사본

준비 파일 : 예제01-03.pptx

1. 슬라이드 인쇄

프레젠테이션은 슬라이드, 슬라이드 노트, 유인물, 개요 등 다양한 형태로 인쇄할 수 있으며 인쇄 매수, 인쇄할 프린터, 색 옵션 등도 구체적으로 설정이 가능합니다. 출력 전에 인쇄 미리 보기를 할 수 있고 페이지 레이아웃, 용지 방향, 컬러 또는 흑백 인쇄 등도 설정할 수 있습니다. 인쇄 설정 시 [파일] 탭 – [인쇄]를 클릭하거나 단축키 Ctrl + P를 누릅니다.

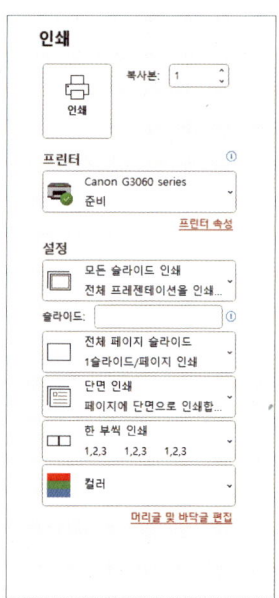

> **예제 01** ★★★
> 페이지당 슬라이드 2개가 포함된 회색조의 프레젠테이션 유인물을 3매 인쇄하도록 인쇄 옵션을 설정하시오.

01 [파일] 탭 - [인쇄]를 클릭합니다.

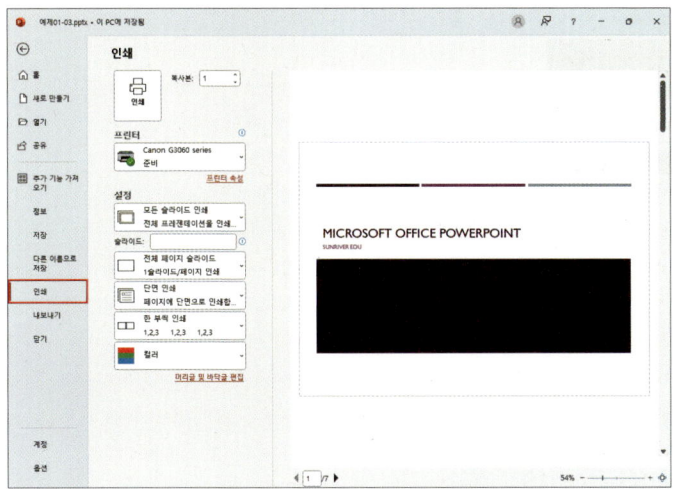

> **+ PLUS +**
> 단축키 Ctrl + P를 눌러도 됩니다.

02 [설정]의 [전체 페이지 슬라이드]를 클릭한 후 [유인물] - [2슬라이드]를 클릭합니다.

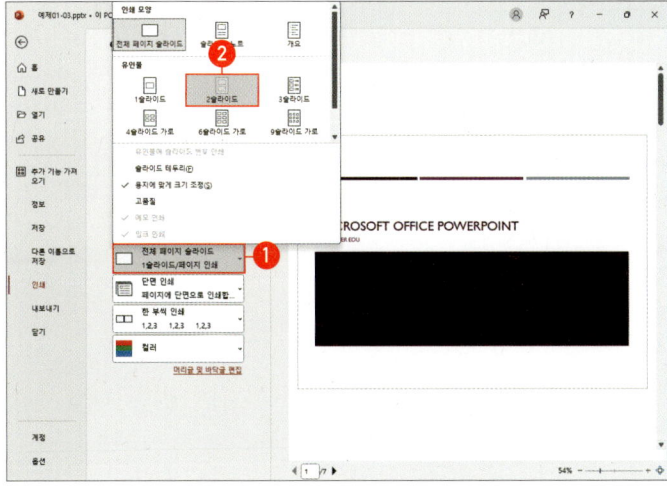

03 [컬러]를 클릭한 후 [회색조]를 클릭합니다.

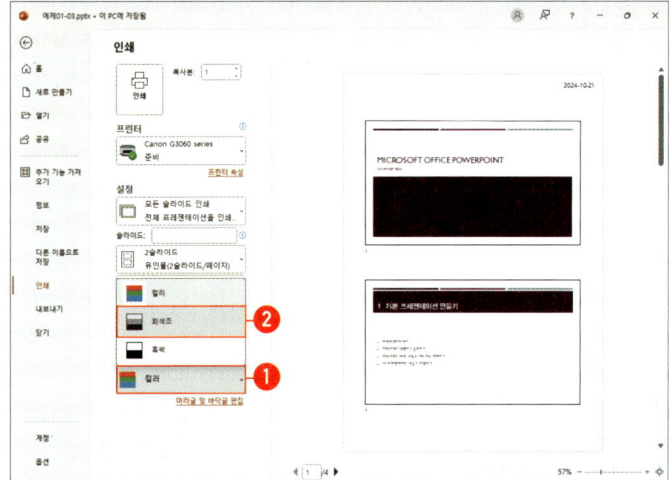

04 [복사본]에 '3'을 입력하고, ⬅를 클릭하여 기본 보기 상태로 돌아갑니다.

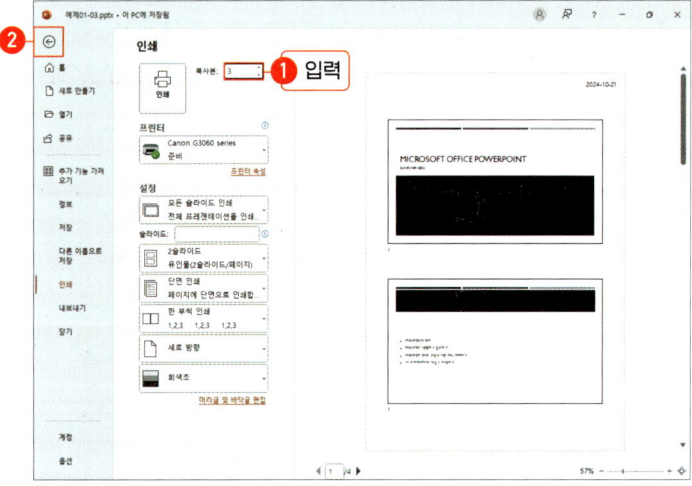

2. 슬라이드 노트 인쇄

슬라이드 노트는 발표 시 참고 사항이나 설명 내용을 입력하는 공간입니다. 슬라이드 노트의 페이지 설정이나 개체 틀의 편집은 슬라이드 노트 마스터에서 수행할 수 있습니다. 슬라이드 노트는 슬라이드와 함께 인쇄할 수 있고, 슬라이드 노트만 인쇄할 수도 있습니다.

> **예제 02** ★★★
> 모든 슬라이드의 슬라이드 노트를 2매 인쇄하도록 인쇄 옵션을 설정하시오. 1페이지의 모든 복사본은 2페이지의 복사본보다 먼저 인쇄되도록 하시오.

01 [파일] 탭 - [인쇄]를 클릭합니다.

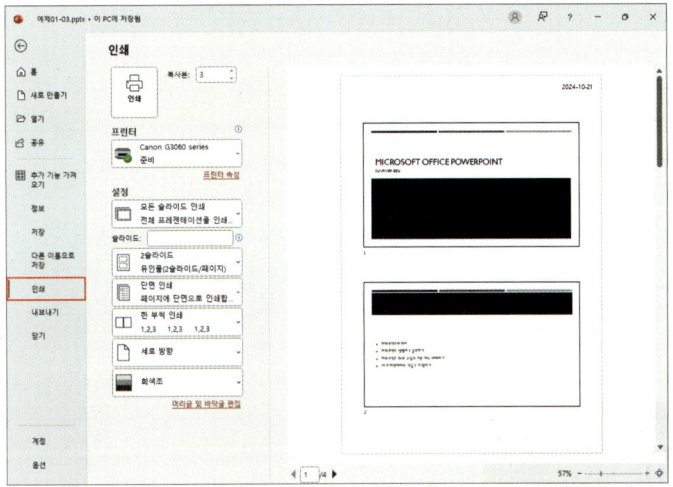

> **+ PLUS +**
> 단축키 Ctrl + P를 눌러도 됩니다.

02 [설정]의 [2슬라이드]를 클릭한 후 [인쇄 모양] - [슬라이드 노트]를 클릭합니다

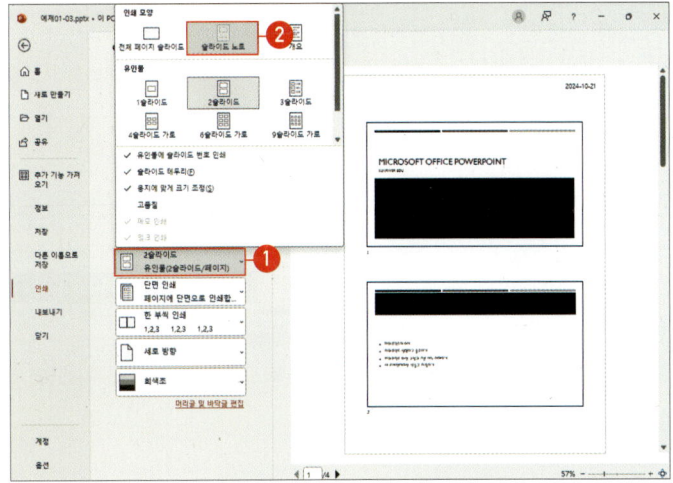

03 [복사본]에 '2'를 입력한 후 [한 부씩 인쇄]를 클릭하고 [한 부씩 인쇄 안 함]으로 인쇄 옵션을 설정합니다. ⬅
를 클릭하여 기본 보기 상태로 돌아갑니다.

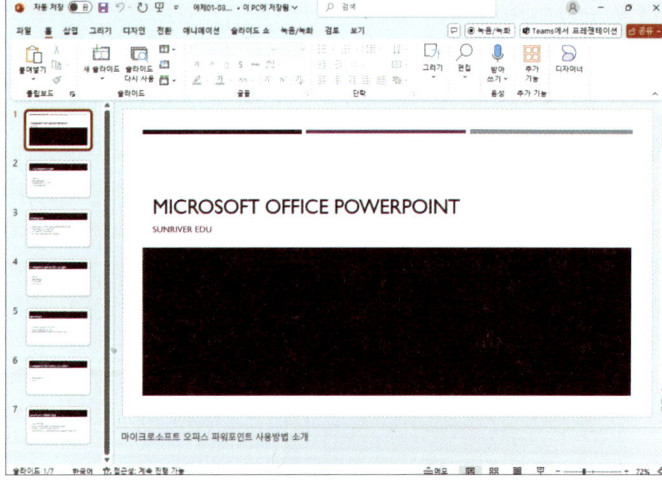

연습문제-01-03

준비 파일 : 연습01-03.pptx

01 페이지마다 슬라이드 3개가 포함된 회색조의 프레젠테이션 유인물을 2매 인쇄하도록 설정하시오.
02 모든 슬라이드의 슬라이드 노트를 5매 인쇄하도록 인쇄 옵션을 설정하시오. 1페이지의 모든 복사본은 2페이지의 복사본보다 먼저 인쇄되도록 설정하시오.

Section 04 슬라이드 쇼 구성 및 표시

특정 슬라이드만 표시되는 쇼 재구성, 프레젠테이션 보기 형식을 설정하는 문제가 출제되고 있습니다.

Keyword 쇼 재구성, 슬라이드 쇼 보기 형식, 대화형 자동 진행

준비 파일 : 예제01-04.pptx

1. 슬라이드 쇼

슬라이드 쇼는 프레젠테이션을 전체 화면으로 실행하여 발표 시 효과적으로 활용할 수 있는 기능으로, 슬라이드에 삽입된 미디어나 애니메이션 효과도 함께 재생됩니다. 슬라이드 쇼는 기본적으로 슬라이드의 순서대로 재생되며, 숨겨진 슬라이드는 슬라이드 쇼 실행 시 재생되지 않습니다.

2. 슬라이드 쇼 재구성

슬라이드 쇼 재구성 기능을 통해 전체 슬라이드 중 필요한 슬라이드만 포함하여 재구성할 수 있습니다. 다양한 청중에 맞추어 프레젠테이션을 효과적으로 구성하고 시간을 단축할 수 있습니다.

> **예제 01** ★★★ 3~5번째 슬라이드만 포함하는 "준비"라는 슬라이드 쇼 재구성을 만드시오.

01 [슬라이드 쇼] 탭 - [슬라이드 쇼 시작] 그룹 - [슬라이드 쇼 재구성]의 [쇼 재구성]을 클릭합니다.

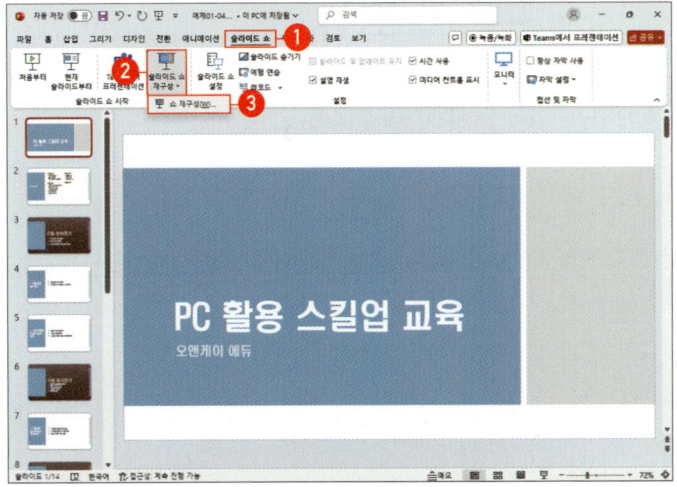

02 [쇼 재구성] 대화상자에서 [새로 만들기] 버튼을 클릭합니다.

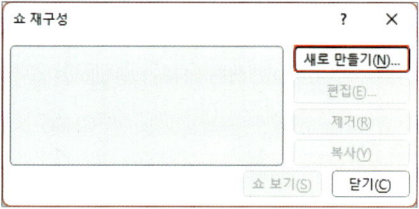

03 [쇼 재구성 하기] 대화상자에서 [슬라이드 쇼 이름]에 '준비'를 입력하고, [프레젠테이션에 있는 슬라이드(P):]에서 [3, 4, 5] 슬라이드에 체크한 후 [추가] 버튼을 클릭합니다.

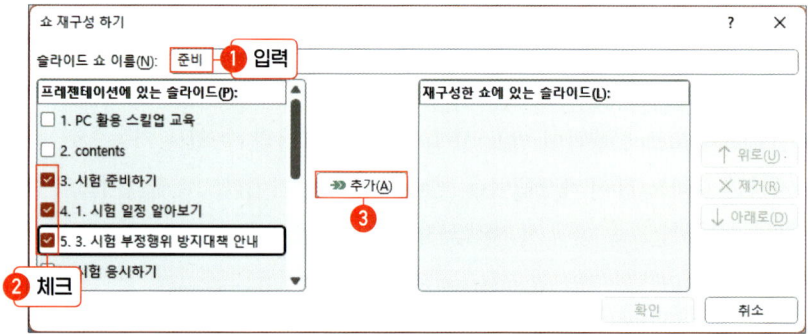

04 [추가] 버튼을 클릭하여 [재구성한 쇼에 있는 슬라이드(L)]에 추가되면 [확인] 버튼을 클릭합니다.

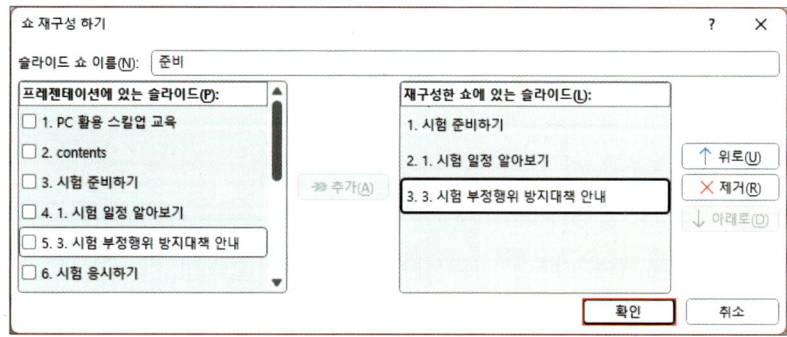

05 [쇼 재구성] 대화상자에서 [닫기] 버튼을 클릭합니다.

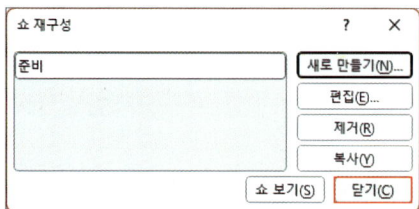

+ PLUS +

[슬라이드 쇼] 탭 - [슬라이드 쇼 시작] 그룹 - [슬라이드 쇼 재구성]을 클릭하고 [준비] 쇼를 클릭하면 3, 4, 5 슬라이드만 쇼로 보여집니다. 시험 시 이 과정은 생략합니다.

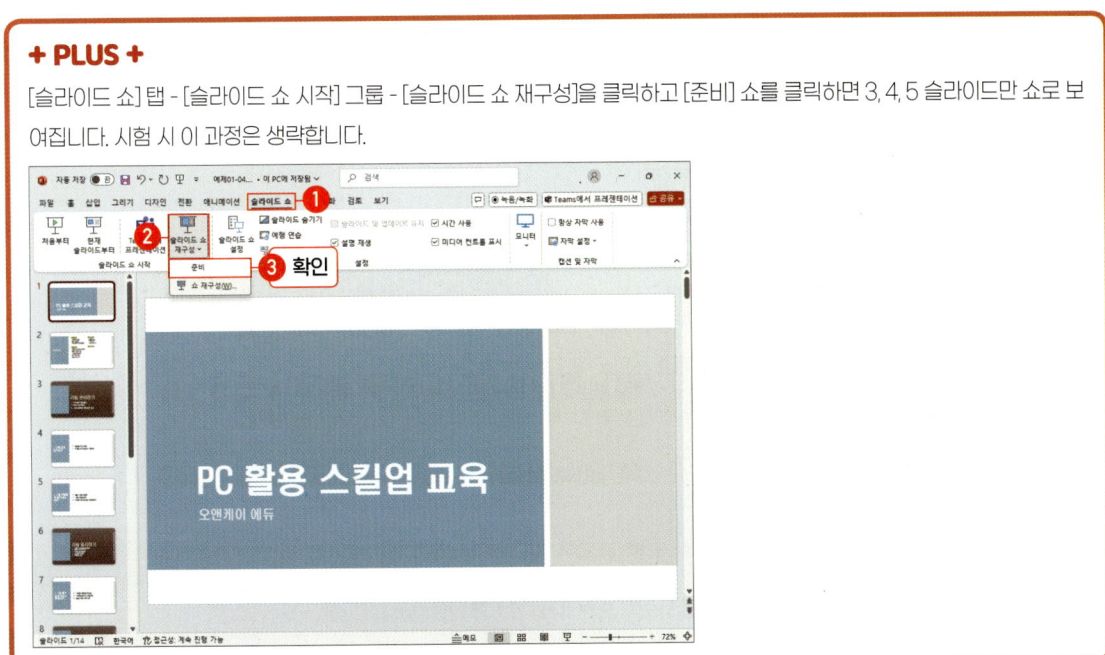

3. 슬라이드 쇼 설정

슬라이드 쇼 설정을 통해 다양한 방법으로 슬라이드 쇼를 진행할 수 있습니다.

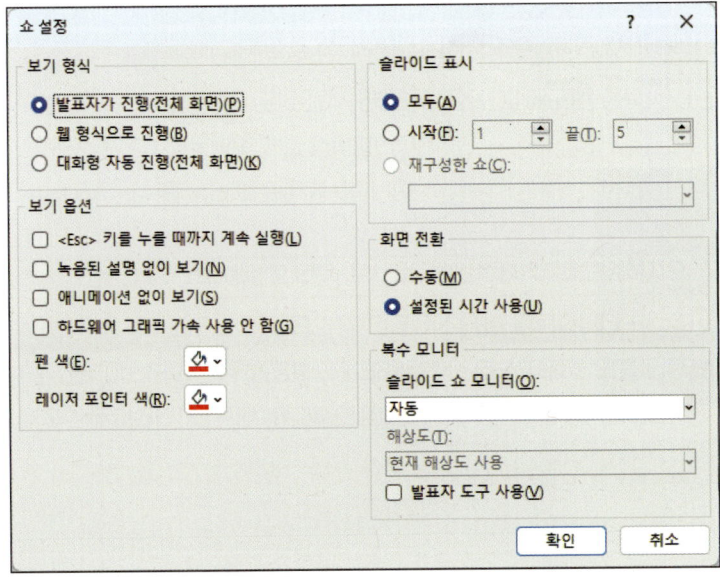

1 보기 형식

- **발표자가 진행(전체 화면)** : 기본적인 슬라이드 쇼 진행 형식으로 발표자가 슬라이드 쇼를 직접 조작합니다.
- **웹 형식으로 진행** : 프레젠테이션을 인터넷에서 진행할 수 있도록 합니다.
- **대화형 자동 진행(전체 화면)** : 슬라이드 쇼가 자동으로 진행되며 Esc 키를 누르면 정지합니다.

2 슬라이드 표시

- 모두 : 프레젠테이션의 모든 슬라이드를 쇼 보기로 진행합니다.
- 시작/끝 : 시작 번호와 끝 번호 사이의 슬라이드만 쇼로 진행합니다.
- 재구성한 쇼 : 재구성한 쇼만 쇼 보기를 진행합니다.

3 보기 옵션

- <Esc> 키를 누를 때까지 계속 실행 : 사용자가 Esc 키를 누를 때까지 슬라이드 쇼가 반복되며 진행됩니다.
- 녹음된 설명 없이 보기 : 녹음된 슬라이드 설명이 쇼가 진행되는 동안 들리지 않게 합니다.
- 애니메이션 없이 보기 : 쇼를 진행하는 동안 개체에 적용된 애니메이션은 실행되지 않도록 합니다.

4 화면 전환

- 수동 : 슬라이드 쇼 보기 화면을 수동으로 전환합니다.
- 설정된 시간 사용 : 각각의 슬라이드에 적용한 시간에 맞게 화면이 전환됩니다.

예제 02 ★★★ | 슬라이드 쇼 보기 형식을 대화형 자동 진행(전체 화면)으로 설정하시오.

01 [슬라이드 쇼] 탭 - [설정] 그룹의 [슬라이드 쇼 설정]을 클릭합니다.

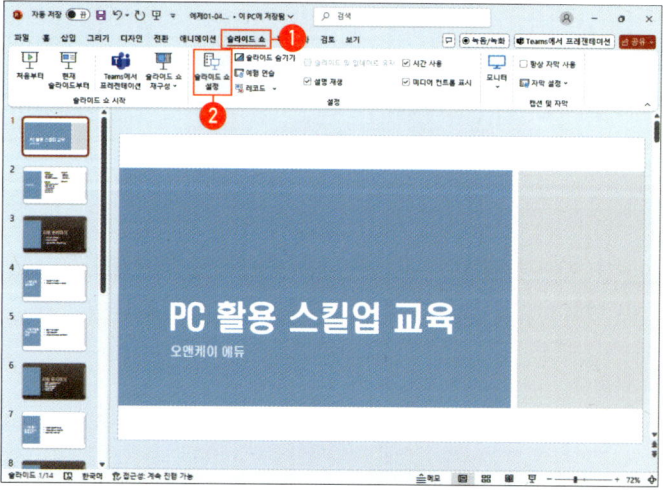

02 [쇼 설정] 대화상자의 [보기 형식]에서 [대화형 자동 진행(전체 화면)]에 체크한 후 [확인] 버튼을 클릭합니다.

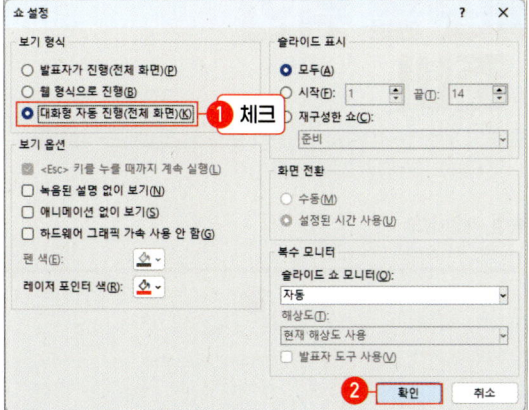

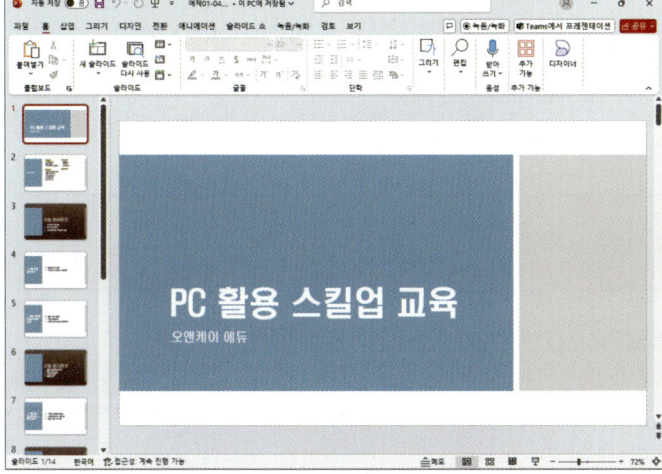

연습문제-01-04

준비 파일 : 연습01-04.pptx

01 슬라이드 3~5만 포함하는 "팀별 교육"이라는 슬라이드 쇼 재구성을 만드시오. 슬라이드 쇼를 실행할 필요는 없습니다.
02 슬라이드 쇼 보기 형식을 대화형 자동 진행(전체 화면)으로 설정하십시오.

Section 05 공동 작업 및 배포를 위한 프레젠테이션 준비

프레젠테이션을 공동으로 작업하고 배포하기 위한 문서 검사 및 문서 보호 방법, 메모 작성, 파일 저장 문제가 출제되고 있습니다.

Keyword 읽기 전용, 최종본 표시, 문서 속성, 개인 정보

준비 파일 : 예제01-05.pptx

1. 편집 제한

다른 사용자가 문서를 열거나 편집할 수 없도록 프레젠테이션 암호 설정 및 액세스 제한, 최종본 표시, 디지털 서명 추가 등으로 권한을 제한하여 문서를 보호할 수 있습니다.

예제 01 ★★★
프레젠테이션을 항상 읽기 전용으로 열도록 설정하시오.

01 [파일] 탭 - [정보] - [프레젠테이션 보호]를 클릭하고 [항상 읽기 전용으로 열기]를 클릭합니다.

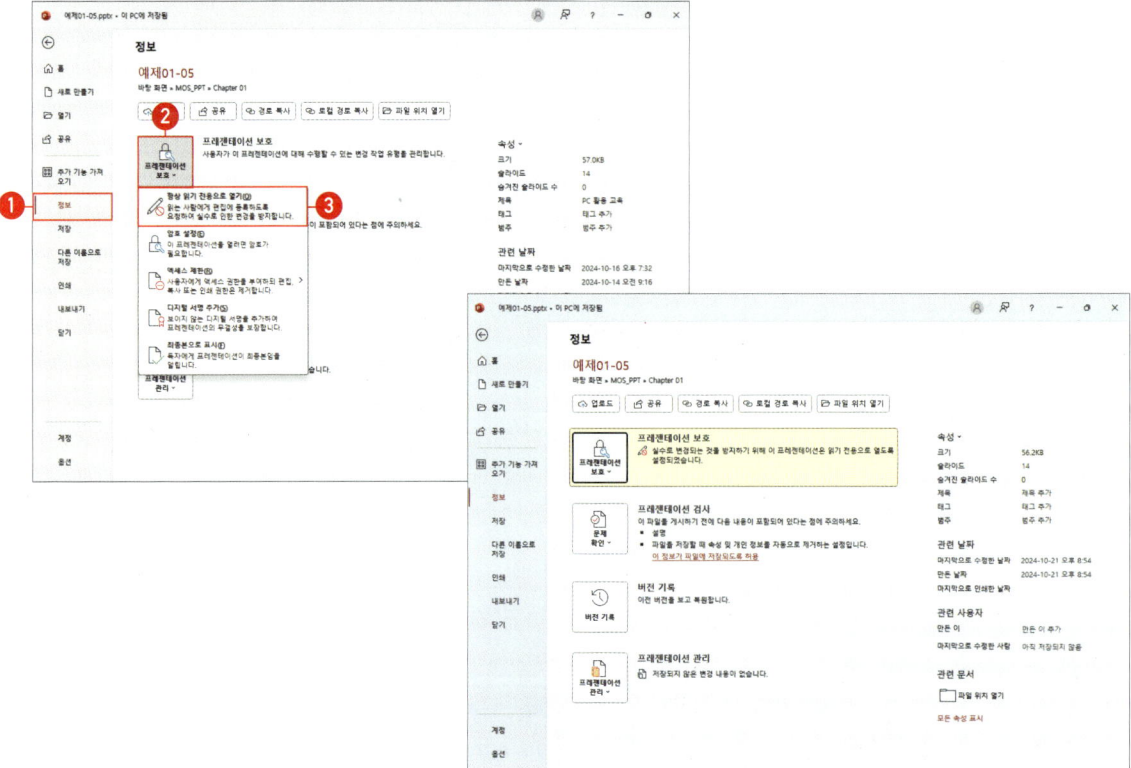

2. 프레젠테이션 검사

프레젠테이션에 적용된 메모 및 주석, 문서 속성 및 개인 정보, 콘텐츠, 포함된 문서, 매크로 등을 검사할 수 있고 제거도 가능합니다. 또한 현재 프레젠테이션의 이전 버전으로 문서를 편집할 경우 사용할 수 없는 문제점을 호환성 검사 기능을 통해 미리 확인해 볼 수 있습니다.

> **예제 02** ★★★
> 프레젠테이션에 숨겨진 문서 속성과 개인 정보를 제거하시오.

01 [파일] 탭 - [정보] - [문제 확인] - [문서 검사]를 클릭합니다.

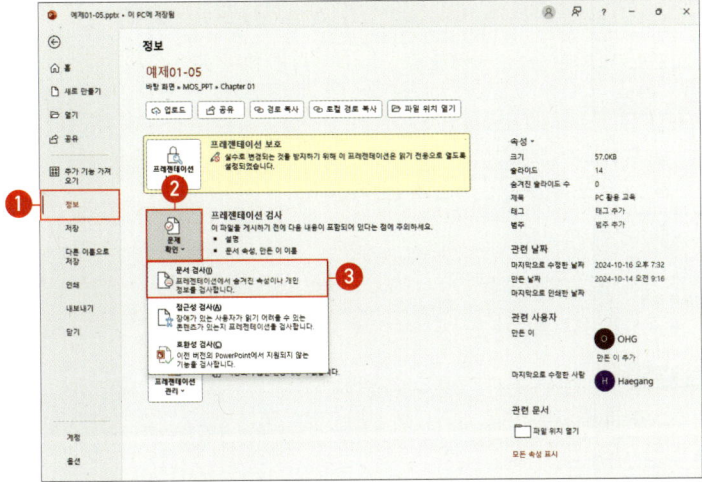

+ PLUS +
문서 속성을 확인하려면 [파일] 탭 - [정보] - [속성] - [고급 속성]을 클릭합니다.

02 [문서 검사 주의 사항] 대화상자에서 [예(Y)] 버튼을 클릭합니다.

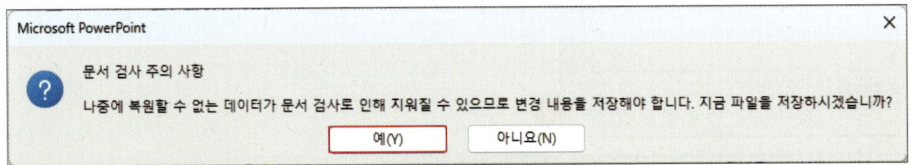

03 [문서 검사] 대화상자에서 [검사] 버튼을 클릭합니다.

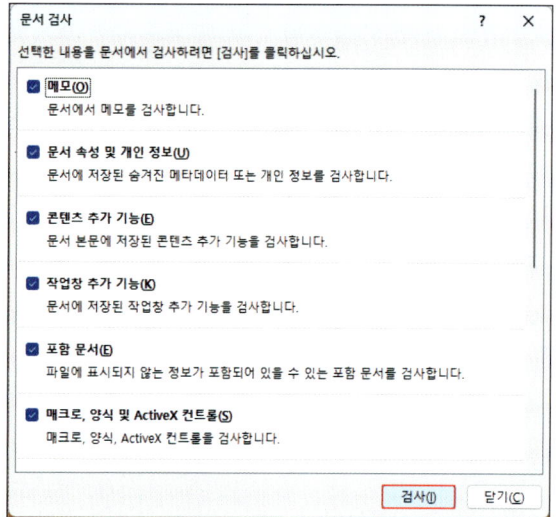

04 '문서 속성 및 개인 정보'의 [모두 제거] 버튼을 클릭한 후 [닫기] 버튼을 클릭합니다.

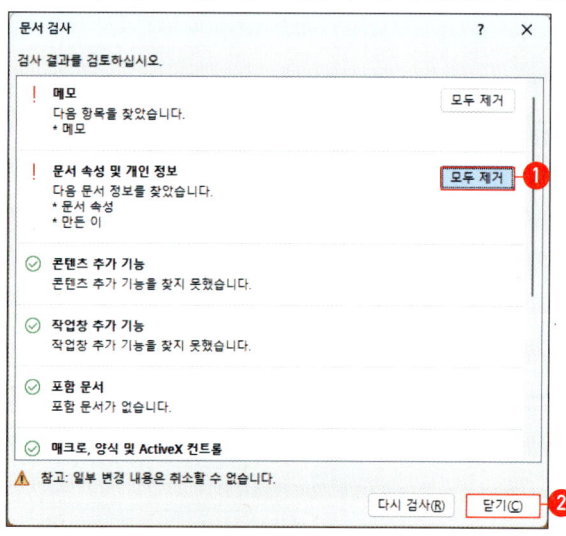

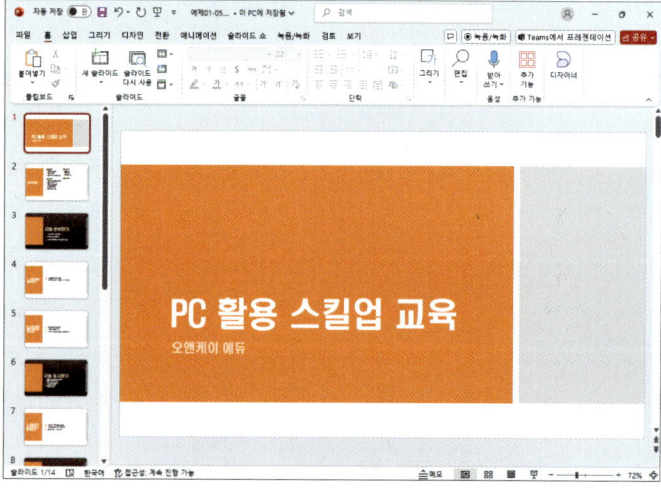

3. 메모

다른 사용자 또는 여러 사용자와 공동으로 작업할 때 메모를 추가, 삭제, 숨기기, 회신 기능을 활용합니다.

> **예제 03** ★★★
> 슬라이드 7에 "모의테스트 접속 방법"이라는 내용의 메모를 삽입하시오. 메모의 위치는 중요하지 않습니다.

01 슬라이드 7을 클릭하고 [검토] 탭 - [메모] 그룹의 [새 메모]를 클릭합니다.

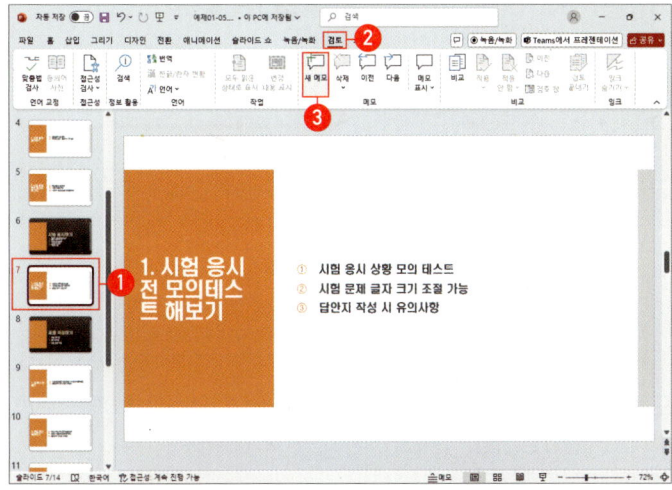

02 삽입된 메모에 '모의테스트 접속 방법'을 입력한 후 [댓글 게시(▶)] 버튼을 클릭합니다.

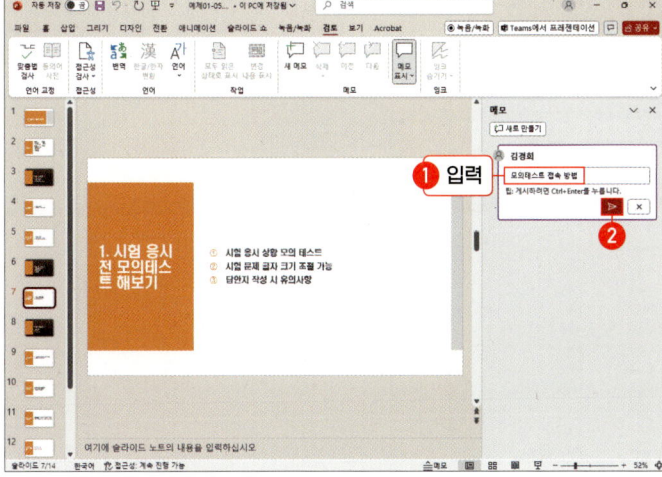

03 메모가 게시됩니다.

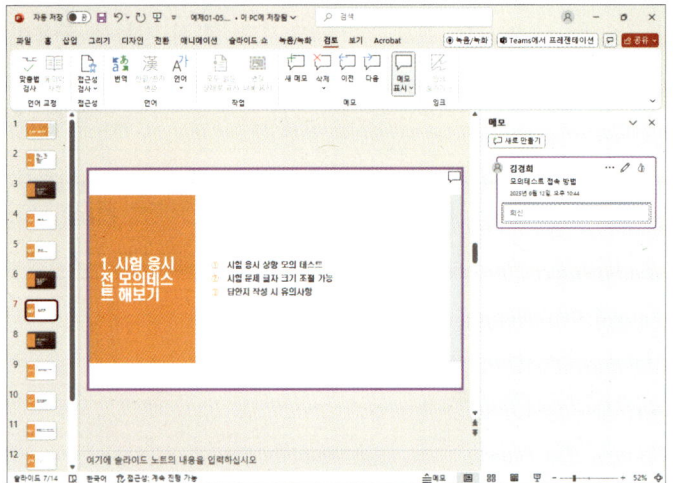

+ PLUS +

Ctrl + Enter 키를 눌러도 메모가 게시됩니다.

4. 프레젠테이션 저장

1 프레젠테이션 저장하기

프레젠테이션 문서를 저장하려면 빠른 실행 도구 모음의 [저장(🖬)]을 클릭하거나 [파일] 탭 - [저장] 또는 [다른 이름으로 저장]을 클릭합니다. (새 문서를 처음 저장할 경우에는 [다른 이름으로 저장] 대화상자가 나타납니다.)

① 저장 : 저장된 기존 문서에 덮어씌워 저장할 경우 선택합니다. 문서를 저장하는 단축키는 Ctrl + S 입니다.

② 다른 이름으로 저장 : 기존 문서는 그대로 두고 별도의 파일로 문서를 저장할 경우 선택합니다. 다른 이름으로 저장하는 단축키는 F12 입니다.

• [다른 이름으로 저장] 대화상자

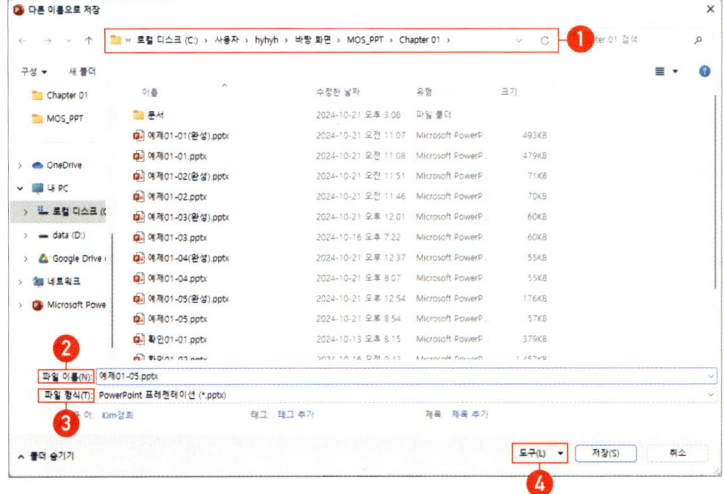

① **저장 위치** : 프레젠테이션 파일을 저장할 위치를 선택합니다.
② **파일 이름** : 프레젠테이션 문서의 이름을 입력합니다.
③ **파일 형식** : 프레젠테이션의 파일 형식을 선택합니다.
④ **도구** : 저장과 관련된 옵션을 선택합니다. 문서의 열기 및 쓰기 암호는 일반 옵션에서 설정합니다.

• [다른 이름으로 저장] 도구 옵션

[도구] 버튼을 클릭하면 저장 옵션 및 사용자 암호 등의 옵션을 설정할 수 있습니다.

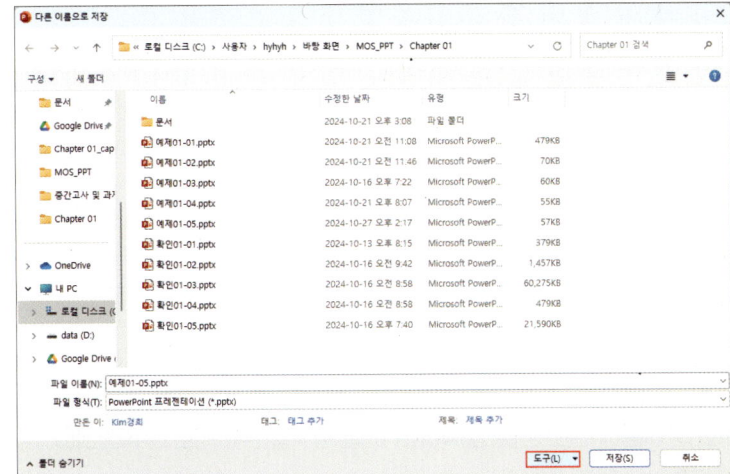

① **네트워크 드라이브 연결** : 네트워크에 슬라이드 파일을 저장합니다.
② **저장 옵션** : [PowerPoint 옵션] 대화상자에서 저장 옵션을 설정합니다.
③ **일반 옵션** : 열기 및 쓰기 암호, 매크로 보안 등을 설정합니다.
④ **그림 압축** : 고화질, HD(330ppi), 인쇄(220ppi), 웹(150ppi), 전자 메일(96ppi) 등의 형식으로 그림을 압축합니다.

2 다른 파일 형식으로 저장하기

상황에 맞게 파일 형식을 변경하여 저장합니다.

파일 형식	확장자
PowerPoint 프레젠테이션	.pptx
PowerPoint 97-2003 프레젠테이션	.ppt
PowerPoint 쇼	.ppsm
PDF 파일	.pdf
XPS 파일	.xps

예제 04 ★ 현재 프레젠테이션을 "발표용"이라는 이름의 PDF 파일로 문서 폴더에 저장하시오.

01 [파일] 탭 - [다른 이름으로 저장]을 클릭하고 [찾아보기]를 클릭합니다.

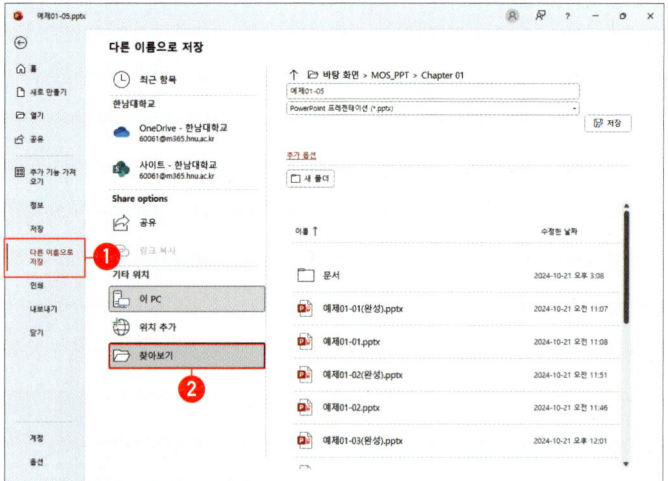

02 [다른 이름으로 저장] 대화상자에서 파일 이름에 '발표용'을 입력하고 파일 형식을 [PDF]로 선택합니다. 저장 위치를 [문서] 폴더로 선택한 후 [저장] 버튼을 클릭합니다.

03 [게시 중...] 대화상자에서 진행이 완료된 후 '발표용.pdf' 파일이 열리면 창을 닫습니다.

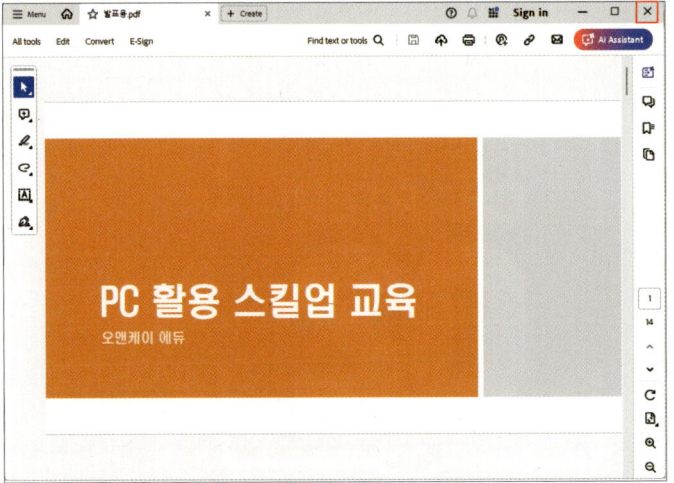

+ PLUS +
[다른 이름으로 저장] 대화상자에서 [게시 후 파일 열기]에 체크가 되어 있지 않은 경우에는 PDF 파일이 열리지 않습니다.

연습문제-01-05

준비 파일 : 연습01-05.pptx

01 프레젠테이션에서 숨겨진 문서 속성과 개인 정보를 제거하시오. 다른 내용은 제거하지 마시오.
02 슬라이드 3에 "학부에 대한 설명 추가"라는 내용으로 메모를 삽입하시오. 메모의 위치는 중요하지 않습니다.
03 프레젠테이션을 항상 읽기 전용으로 열리도록 설정하시오.

CHAPTER 02

슬라이드 관리

프레젠테이션에 슬라이드를 추가 또는 수정하는 문제와 레이아웃 변경 및 구역 설정에 대한 문제가 출제됩니다.

Section 01 슬라이드 삽입
Section 02 슬라이드 수정
Section 03 슬라이드 순서 변경 및 그룹화

Section 01 슬라이드 삽입

Word 문서의 개요 또는 다른 프레젠테이션의 슬라이드를 가져와 새 슬라이드를 추가하고, 확대/축소 삽입으로 슬라이드를 추가하는 문제가 출제되고 있습니다.

Keyword Word 문서, 개요, 슬라이드 삽입, 슬라이드 확대/축소, 요약 확대/축소

준비 파일 : 예제02-01.pptx

1. 새 슬라이드 추가

프레젠테이션의 기본 작업은 슬라이드에서 이루어지며, 슬라이드는 크게 '제목'과 '내용'으로 나눌 수 있습니다. 전달하려는 내용에 맞게 특정 레이아웃을 선택하여 새 슬라이드를 추가할 수 있고 Enter 키를 눌러 슬라이드를 추가하는 경우 동일한 레이아웃의 슬라이드가 추가됩니다. 다른 프레젠테이션이나 Word 개요 문서를 슬라이드로 추가하는 경우 '슬라이드 개요' 기능을 이용합니다.

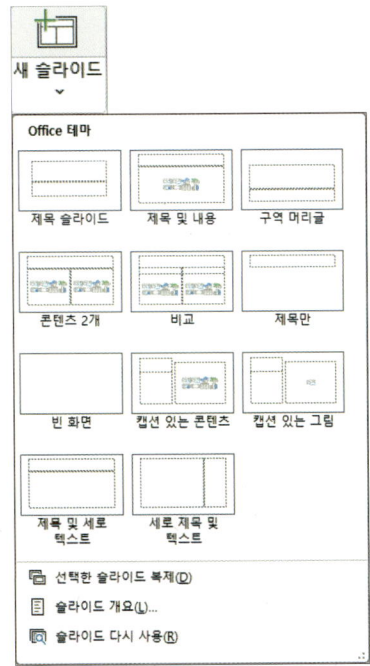

2. 요약 삽입 및 슬라이드 레이아웃 선택

확대/축소를 사용하면 콘텐츠를 원하는 순서와 창의적인 방식으로 프레젠테이션할 수 있습니다. 요약 확대/축소를 사용하여 대화형 목차를 만들거나 슬라이드 확대/축소 및 구역 확대/축소를 사용하여 특정 슬라이드 및 구역으로 이동할 수 있습니다.

> **예제 01** ★★★
> 프레젠테이션의 끝에 문서 폴더의 "비교과 프로그램.pptx" 프레젠테이션의 슬라이드를 삽입하시오. 슬라이드 삽입 후 슬라이드 5는 "안내사항", 슬라이드 6은 "학교 프로그램", 슬라이드 7은 "학과 프로그램"이어야 합니다.

01 마지막 슬라이드를 클릭하고 [홈] 탭 - [슬라이드] 그룹 - [새 슬라이드]의 [슬라이드 개요]를 클릭합니다.

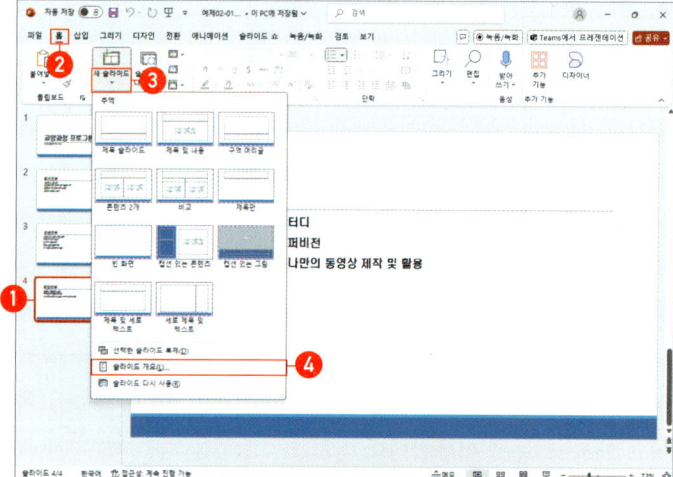

02 [개요 삽입] 대화상자의 [문서] 폴더에서 파일 형식을 [모든 파일]로 선택하고 [비교과 프로그램.pptx] 프레젠테이션을 클릭한 후 [삽입] 버튼을 클릭합니다.

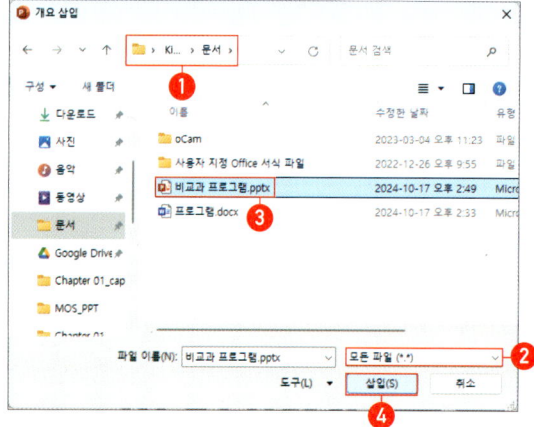

03 마지막 슬라이드 뒤에 [비교과 프로그램.pptx] 프레젠테이션의 슬라이드가 추가된 것을 확인할 수 있습니다.

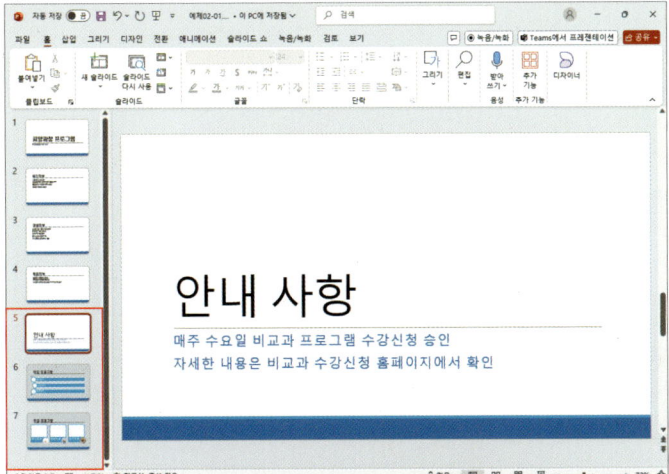

예제 02 ★★★ "휴먼학부" 슬라이드 뒤에 문서 폴더의 "프로그램.docx" 문서에서 개요를 가져와 슬라이드를 만드시오.

01 '휴먼학부' 슬라이드를 클릭한 후 [홈] 탭 - [슬라이드] 그룹 - [새 슬라이드]의 [슬라이드 개요]를 클릭합니다.

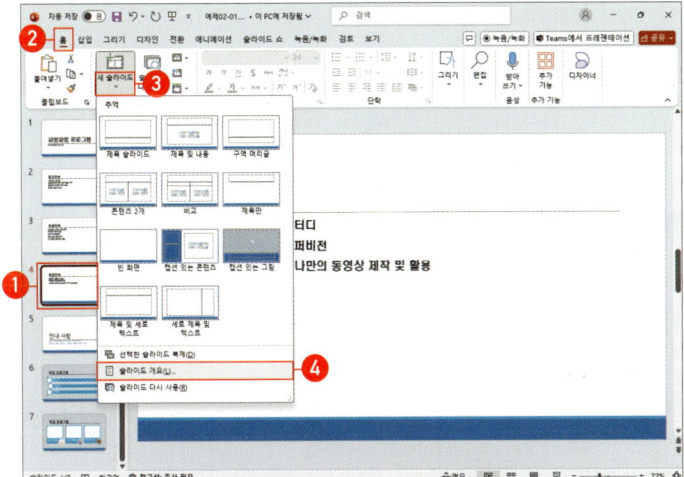

Section 01 슬라이드 삽입 **53**

02 [개요 삽입] 대화상자에서 [문서] 폴더에 있는 [프로그램.docx] 문서를 선택하고 [삽입] 버튼을 클릭합니다.

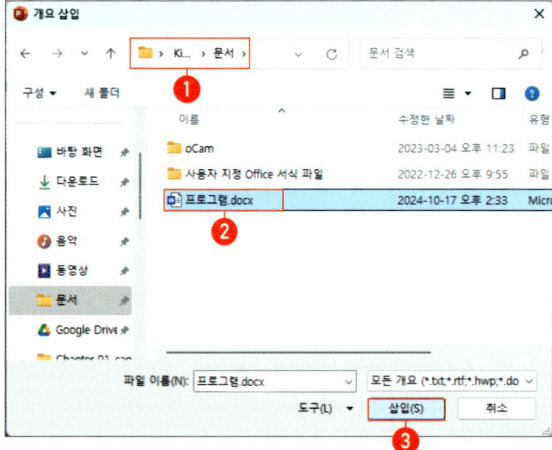

03 '휴먼학부' 슬라이드 다음에 '프로그램' Word 문서의 개요 슬라이드가 추가된 것을 확인할 수 있습니다.

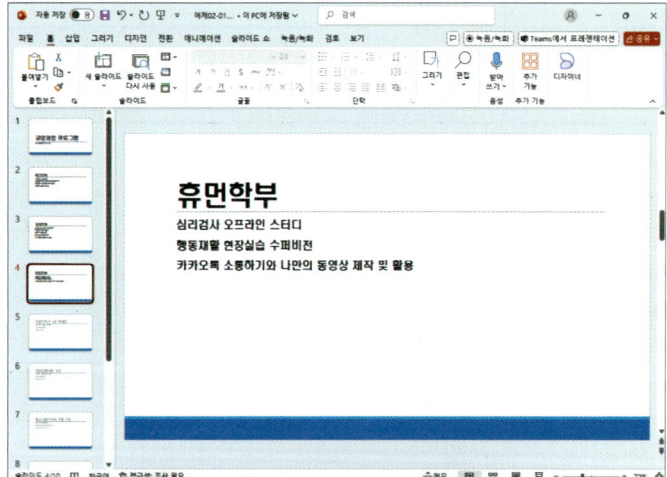

> **예제 03** ★★★
> 슬라이드 1에서 슬라이드 확대/축소 링크를 슬라이드 10 "학과 프로그램"에 삽입하시오. 슬라이드 확대/축소 미리 보기를 부제목 오른쪽에 배치하시오. 정확한 크기와 위치는 중요하지 않습니다.

01 슬라이드 1을 클릭하고 [삽입] 탭 - [링크] 그룹 - [확대/축소]의 [슬라이드 확대/축소]를 클릭합니다.

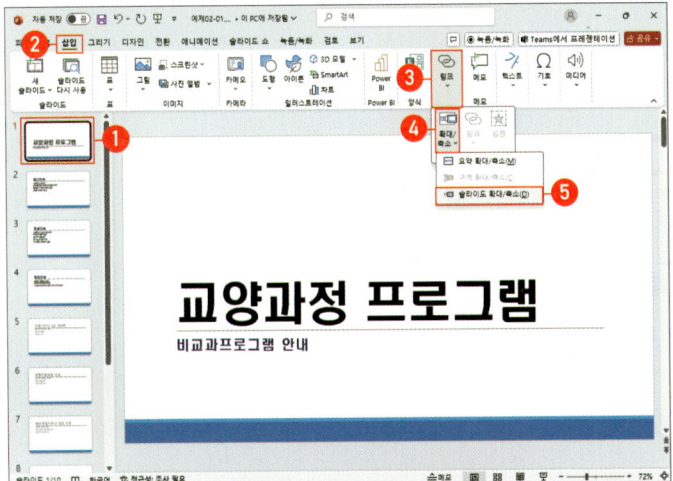

02 [슬라이드 확대/축소 삽입] 대화상자에서 [10. 학과 프로그램] 슬라이드를 선택한 후 [삽입] 버튼을 클릭합니다.

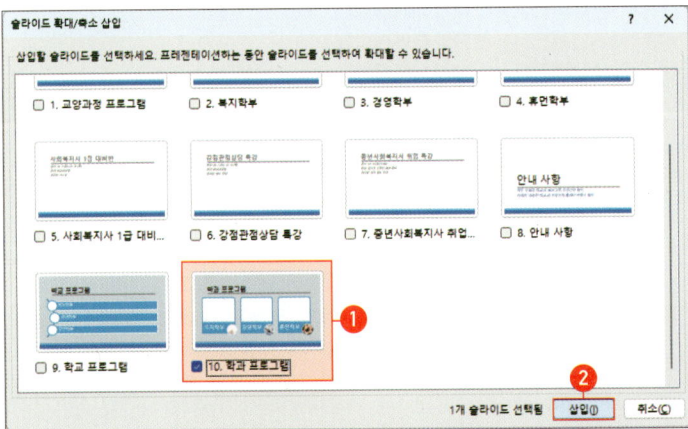

03 삽입된 링크를 부제목 오른쪽으로 드래그하여 위치를 변경합니다.

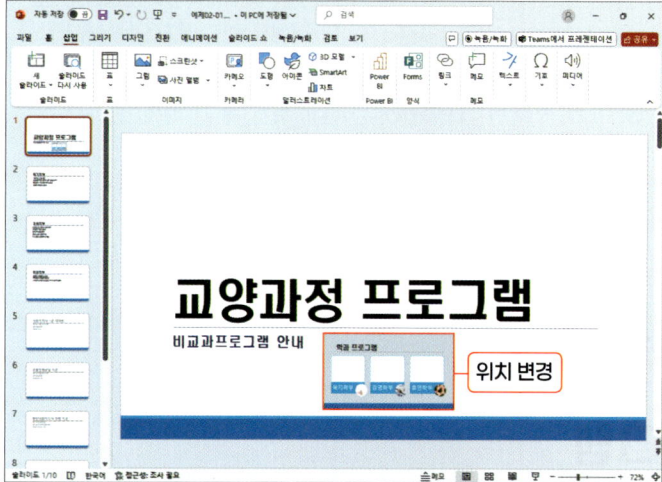

연습문제-02-01

준비 파일 : 연습02-01.pptx

01 "마인드" 슬라이드 다음에 "원두 정보", "디저트 정보", "고객 서비스"에만 연결되는 요약 확대/축소 슬라이드를 삽입하시오.
02 프레젠테이션의 끝에 문서 폴더에 있는 "신메뉴.pptx" 프레젠테이션의 슬라이드를 삽입하시오. 슬라이드를 삽입한 후 슬라이드 8은 "음료 신메뉴", 슬라이드 9는 "디저트 신메뉴"여야 합니다.

Section 02 슬라이드 수정

슬라이드의 배경색을 변경하거나 슬라이드 레이아웃을 수정하는 문제가 출제되고 있습니다.

Keyword 슬라이드 배경색, 바닥글

준비 파일 : 예제02-02.pptx

1. 슬라이드 선택

'슬라이드 및 개요' 창에서 슬라이드를 클릭하여 선택할 수 있습니다. 여러 슬라이드를 선택하는 방법은 다음과 같습니다.

- **비연속적인 슬라이드 선택** : Ctrl 키를 누른 상태에서 슬라이드를 클릭하여 선택합니다.
- **연속적인 슬라이드 선택** : Shift 키를 이용하여 시작 슬라이드와 마지막 슬라이드를 클릭하여 선택합니다.

2. 슬라이드 이동

슬라이드의 순서를 변경하고자 하는 경우 해당 슬라이드를 클릭하고 원하는 위치로 드래그 앤 드롭합니다. 슬라이드가 여러 개일 경우에는 '여러 슬라이드' 보기 상태에서 이동하는 것이 편리합니다.

3. 슬라이드 복사와 복제

- **복사** : 현재 프레젠테이션이나 다른 프레젠테이션에 동일한 슬라이드를 붙여 넣을 수 있습니다. 마우스 오른쪽 버튼을 클릭한 후 바로 가기 메뉴에서 [복사]를 클릭하고 붙여 넣을 위치에서 마우스 오른쪽 버튼을 클릭해 붙여넣기 합니다. 복사하는 단축키는 Ctrl + C, 붙여넣기 단축키는 Ctrl + V 입니다. '여러 슬라이드' 보기 상태에서 해당 슬라이드를 Ctrl 키를 누른 상태에서 드래그하여 복사하는 방법도 있습니다.
- **복제** : 선택한 슬라이드 바로 다음 슬라이드에 붙여 넣을 수 있습니다. 복제할 슬라이드에서 마우스 오른쪽 버튼을 클릭하고 바로 가기 메뉴에서 [슬라이드 복제]를 클릭하거나 단축키 Ctrl + D 를 누릅니다.

> **+ PLUS +**
> 바로 가기 메뉴는 마우스 오른쪽 버튼을 클릭하면 나타나는 메뉴를 말합니다.

4. 슬라이드 삭제

해당 슬라이드를 선택한 후 마우스 오른쪽 버튼을 클릭하고 바로 가기 메뉴에서 [슬라이드 삭제]를 클릭하거나 Delete 키를 눌러 삭제할 수 있습니다. 여러 슬라이드를 삭제하는 경우 Ctrl 키를 누른 상태에서 슬라이드들을 선택하여 삭제할 수 있습니다.

5. 슬라이드 배경 수정

PowerPoint에서는 슬라이드별로 배경을 다르게 설정하여 각 슬라이드의 분위기와 내용을 효과적으로 표현할 수 있습니다. [배경 서식] 기능을 활용하면 단색, 그라데이션, 이미지, 패턴 등 다양한 스타일을 선택할 수 있으며, 선택한 배경을 특정 슬라이드에만 적용하거나 전체 슬라이드에 일괄적으로 적용할 수 있습니다. 특정 슬라이드에만 배경을 설정하려면, 해당 슬라이드를 선택한 후 [디자인] 탭 – [사용자 지정] 그룹 – [배경 서식]을 클릭하거나, 슬라이드 목록에서 마우스 오른쪽 버튼을 클릭해 [배경 서식]을 클릭하면 됩니다. 이후 열리는 [배경 서식] 창에서 원하는 스타일을 지정한 뒤, [모두 적용] 버튼을 클릭하지 않으면 해당 슬라이드에만 적용되고, [모두 적용]을 클릭하면 전체 슬라이드에 동일한 배경이 적용됩니다.

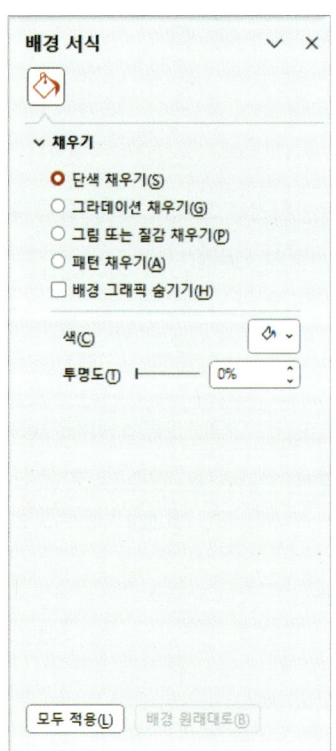

① **단색 채우기** : 원하는 색상과 투명도로 배경을 채웁니다.
② **그라데이션 채우기** : 선형, 방사형, 사각형, 경로, 제목 음영 등 다양한 종류와 위쪽, 아래쪽, 왼쪽, 오른쪽, 대각선 등의 방향으로 색이 점차 변하는 효과를 줍니다.
③ **그림 또는 질감 채우기** : 이미지 파일을 삽입하거나 기본 질감을 적용합니다.
④ **패턴 채우기** : 반복되는 패턴을 배경에 적용하며, 전경색과 배경색 지정이 가능합니다.
⑤ **배경 그래픽 숨기기** : 마스터 슬라이드의 배경 그래픽을 현재 슬라이드에서 숨깁니다.
⑥ **모두 적용** : 설정한 배경을 전체 슬라이드에 적용합니다.
⑦ **배경 원래대로** : 배경을 기본 상태로 초기화합니다.

예제 01
★★★ 슬라이드 2만 슬라이드 배경색을 "흰색, 배경 1, 25% 더 어둡게"로 변경하시오.

01 슬라이드 2를 선택한 후 [디자인] 탭 - [사용자 지정] 그룹의 [배경 서식]을 클릭합니다.

02 [배경 서식] 창에서 [채우기]의 [단색 채우기]가 체크된 상태에서 [색]을 [흰색, 배경 1, 25% 더 어둡게]를 클릭합니다.

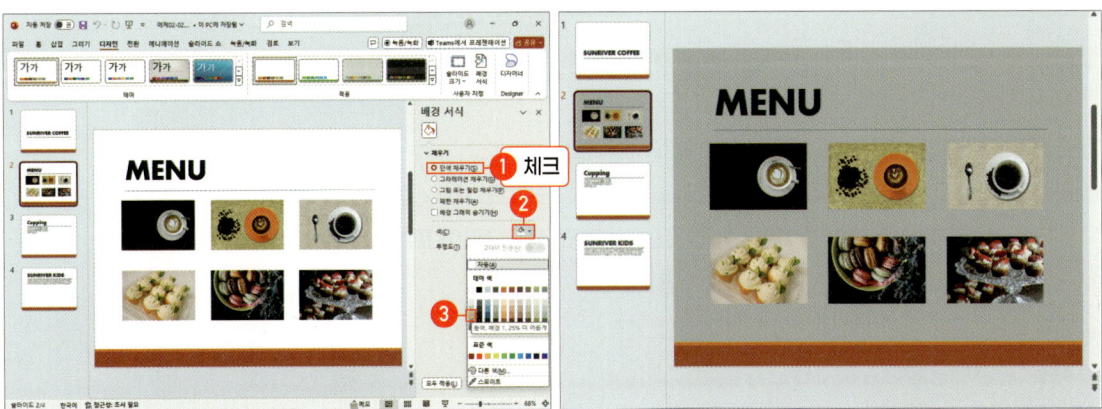

6. 슬라이드 머리글, 바닥글, 페이지 번호 삽입

파워포인트에서 머리글과 바닥글은 슬라이드마다 반복적으로 들어가는 날짜, 슬라이드 번호, 발표자 이름, 소속 등의 정보를 자동으로 삽입할 수 있어 발표 자료의 일관성과 전문성을 높이는 데 유용합니다. [삽입] 탭 – [텍스트] 그룹 – [머리글/바닥글]을 클릭하면 [머리글/바닥글] 대화상자가 나타나며 원하는 항목을 선택하거나 입력할 수 있습니다. 또한, 전체 슬라이드나 선택한 슬라이드에 적용할 수 있고, 제목 슬라이드에는 표시하지 않도록 설정할 수 있습니다.

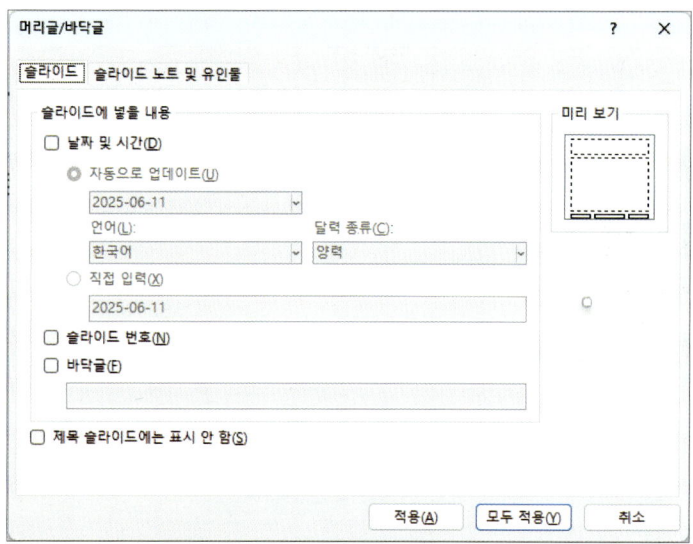

① **날짜 및 시간** : '자동 업데이트'는 파일을 열 때마다 시스템 날짜로 변경되며, 서식을 지정할 수 있습니다. '직접 입력'을 선택하면 고정 날짜를 입력할 수 있습니다.

② **슬라이드 번호** : 각 슬라이드 하단에 번호를 표시합니다.

③ **바닥글** : 작성자, 회사명 등 입력한 텍스트가 슬라이드 하단에 표시됩니다.

④ **제목 슬라이드에는 표시 안 함** : 제목 슬라이드에는 머리글/바닥글이 표시되지 않습니다.

⑤ **적용** : 현재 선택된 슬라이드에만 설정을 적용합니다.

⑥ **모두 적용** : 모든 슬라이드에 동일하게 적용합니다.

⑦ **취소** : 변경 내용을 저장하지 않고 창을 닫습니다.

예제 02 "SUNRIVER KIDS" 슬라이드에만 "기획" 텍스트가 표시된 슬라이드 바닥글을 삽입하시오.

01 'SUNRIVER KIDS' 슬라이드를 선택한 후 [삽입] 탭 - [텍스트] 그룹의 [머리글/바닥글]을 클릭합니다.

02 [머리글/바닥글] 대화상자에서 [바닥글]을 체크한 후 '기획' 텍스트를 입력하고 [적용] 버튼을 클릭합니다.

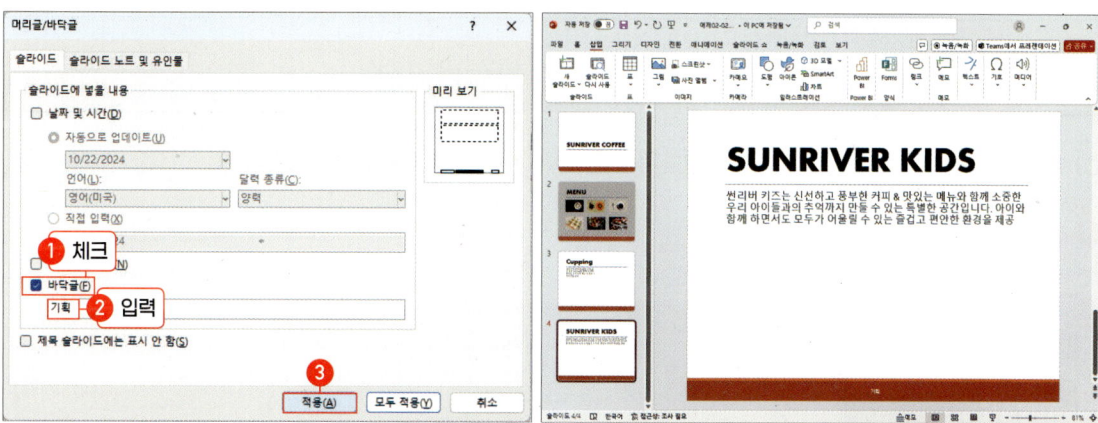

+ PLUS +
[머리글/바닥글] 대화상자에서 [모두 적용] 버튼을 클릭하면 모든 슬라이드의 바닥글에 적용됩니다.

연습문제-02-02
준비 파일 : 연습02-02.pptx

01 슬라이드 1만 배경색을 "검정, 배경 1"로 변경하시오.
02 슬라이드 7만 "참고사항" 텍스트가 표시된 슬라이드 바닥글을 삽입하시오.

Section 03 슬라이드 순서 변경 및 그룹화

여러 슬라이드를 구역으로 지정하거나 수정하는 문제가 출제되고 있습니다.

Keyword 구역, 구역 이름

📎 준비 파일 : 예제02-03.pptx

1. 구역

구역은 내용이 유사한 슬라이드를 그룹으로 묶어 적절한 이름을 붙이면 프레젠테이션의 구조를 파악하기 쉽고 많은 슬라이드를 관리하기 용이합니다. 구역을 활용하면 구역에 포함된 슬라이드를 한꺼번에 이동하거나 삭제하기 편리합니다. 또한 구역별로 다양한 테마 및 디자인을 적용할 수 있고, 특정 구역만 인쇄 작업을 진행할 수도 있습니다.

예제 01 ★ | 슬라이드 3~5만 "시험 준비"라는 이름으로 구역을 추가하시오.

01 슬라이드 3을 선택하고 [홈] 탭 - [슬라이드] 그룹 - [구역]의 [구역 추가]를 클릭합니다.

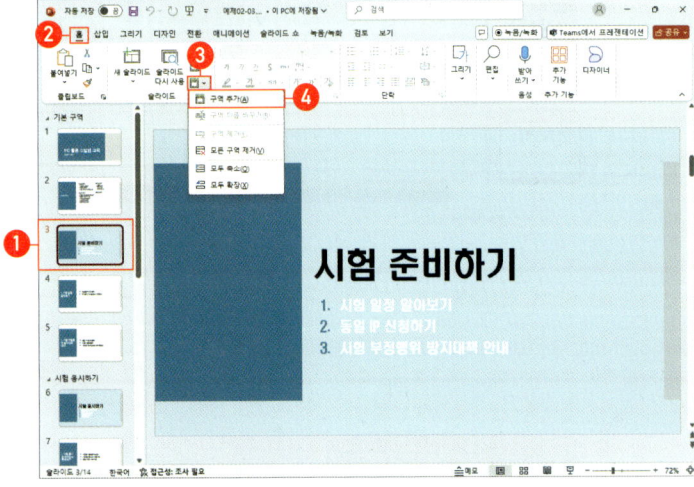

+ PLUS +
구역이 시작되는 슬라이드에서 마우스 오른쪽 버튼을 클릭하고 바로 가기 메뉴에서 [구역 추가]를 클릭해도 됩니다.

02 [구역 이름 바꾸기] 대화상자에 '시험 준비'를 입력하고 [이름 바꾸기] 버튼을 클릭합니다.

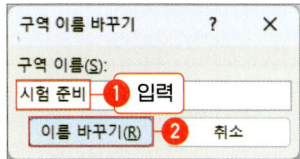

03 슬라이드 3 위에 '시험 준비' 구역이 추가된 것을 확인할 수 있습니다.

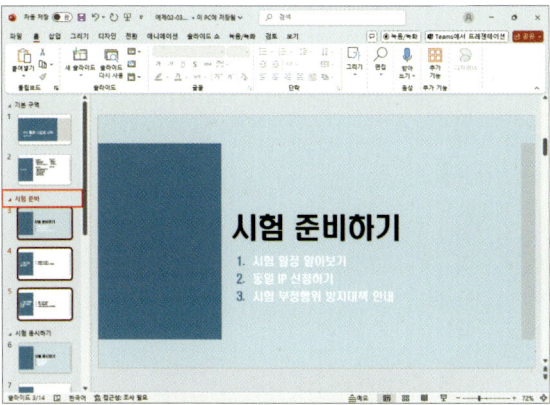

+ PLUS +
구역 확장과 축소 방법
- **방법 1** : 구역 이름에 표시된 ◢아이콘을 클릭하면 해당 구역의 모든 슬라이드를 축소하여 숨길 수 있고, ▶ 아이콘을 클릭하면 숨겨졌던 모든 슬라이드가 다시 표시됩니다.
- **방법 2** : 구역 이름에서 마우스 오른쪽 버튼을 클릭하여 바로 가기 메뉴에서 [모두 축소] / [모두 확장]을 선택합니다.
- **방법 3** : 구역 이름을 더블 클릭해도 해당 구역의 슬라이드를 축소하고 확장할 수 있습니다.

예제 02 "시험 응시하기" 구역의 이름을 "시험 응시"로 바꾸시오.

01 '시험 응시하기' 구역에서 마우스 오른쪽 버튼을 클릭한 후 바로 가기 메뉴에서 [구역 이름 바꾸기]를 클릭합니다.

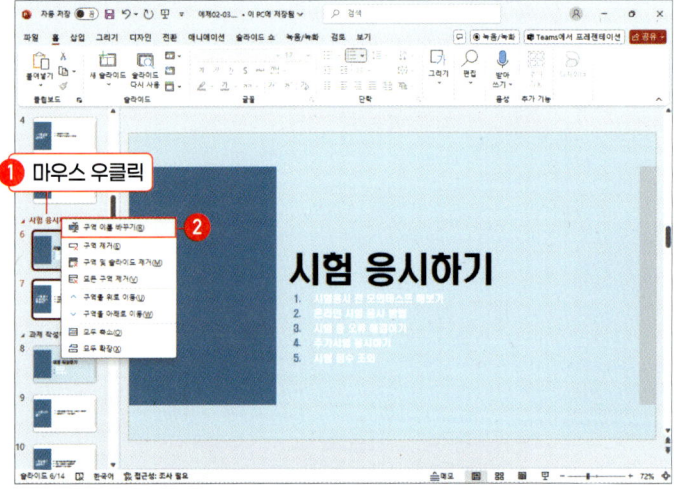

02 [구역 이름 바꾸기] 대화상자에서 [구역 이름]에 '시험 응시'를 입력하고 [이름 바꾸기] 버튼을 클릭합니다.

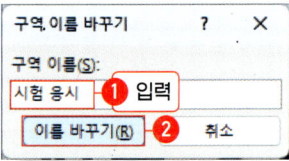

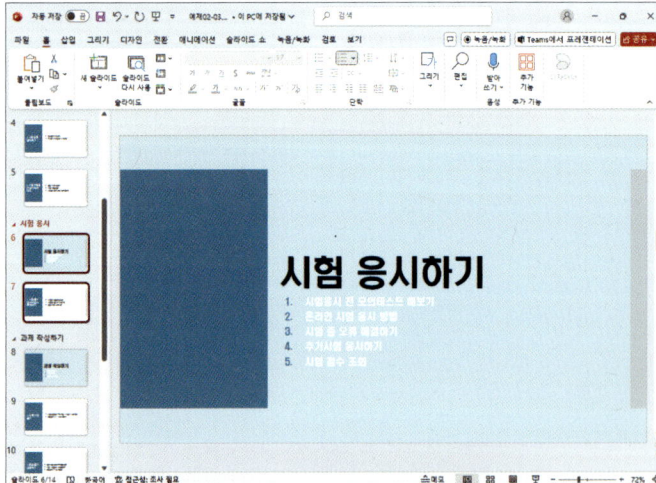

> **+ PLUS +**
>
> **구역 이동 및 제거**
> - **구역 이동** : 구역 이름을 선택하고 드래그하거나 마우스 오른쪽 버튼을 클릭한 후 바로 가기 메뉴에서 [구역을 위로 이동] / [구역을 아래로 이동]을 선택하여 이동할 수 있습니다. 슬라이드가 여러 개일 경우 구역을 축소한 상태에서 이동하면 편리합니다.
> - **구역 제거** : 해당 구역의 구역 이름만 제거됩니다.
> - **구역 및 슬라이드 제거** : 해당 구역의 모든 슬라이드와 구역 이름이 제거됩니다.
> - **모든 구역 제거** : 프레젠테이션의 슬라이드는 유지되며 모든 구역 이름만 제거됩니다.

준비 파일 : 연습02-03.pptx

01 "결론" 구역의 이름을 "마무리"로 바꾸시오.

CHAPTER 03

텍스트, 도형, 이미지 삽입 및 서식 지정

텍스트, 하이퍼링크, 이미지 등을 삽입하고 서식을 지정하는 방법, 그래픽 요소에 텍스트 입력과 서식을 지정하는 방법, 개체 정렬 및 순서 변경 등의 문제가 출제되고 있습니다.

Section 01 텍스트 서식 지정
Section 02 링크 삽입
Section 03 이미지 삽입 및 서식 지정
Section 04 그래픽 요소 삽입 및 서식 지정
Section 05 슬라이드 콘텐츠 순서 지정, 정렬 및 그룹화

Section 01 텍스트 서식 지정

텍스트에 서식을 적용하거나 글머리 기호 목록을 수정하는 문제가 출제되고 있습니다.

Keyword 글머리 기호 목록, 텍스트 상자, 문자 간격, 단 서식

준비 파일 : 예제03-01.pptx

1. 텍스트에 서식 및 스타일 적용

슬라이드에서 텍스트 상자를 사용하면 정보를 효과적으로 전달하고 시각적으로 정돈된 프레젠테이션을 만들 수 있습니다. 텍스트 상자는 제목, 부제목, 본문 내용을 각기 다른 서식으로 작성하고 배치할 수 있도록 도와줍니다. 이 텍스트 상자를 이용해 슬라이드의 레이아웃을 깔끔하게 구성하면, 청중이 내용을 쉽게 이해할 수 있습니다.

- **텍스트 상자 삽입 및 배치** : 원하는 위치에 텍스트 상자를 추가하고 자유롭게 이동하거나 크기를 조절할 수 있습니다.
- **텍스트 서식 지정** : 텍스트의 크기, 색상, 글꼴, 강조(굵게, 기울임, 밑줄 등)를 변경하여 가독성을 높일 수 있습니다. 특히 제목과 부제목은 본문보다 눈에 잘 띄게 하는 것이 좋습니다.
- **정렬 및 여백 설정** : 텍스트 상자의 정렬(왼쪽, 가운데, 오른쪽)과 여백을 조정하여 균형 잡힌 레이아웃을 만듭니다.
- **텍스트 효과** : 그림자, 강조 색상, 텍스트 상자 배경색 등을 활용하여 중요한 정보를 시각적으로 강조할 수 있습니다.

1 텍스트 서식

PowerPoint는 '맑은 고딕' 글꼴이 기본 서체로 설정되어 있습니다. 프레젠테이션의 가독성을 높이기 위해 글꼴, 글꼴 크기, 글꼴 색 등의 서식을 변경할 수 있고 글꼴 스타일을 이용하여 텍스트를 디자인할 수 있습니다.

① **방법 1** : 리본 메뉴의 [홈] 탭 - [글꼴] 그룹에서 간편하게 글꼴 서식을 적용할 수 있습니다.

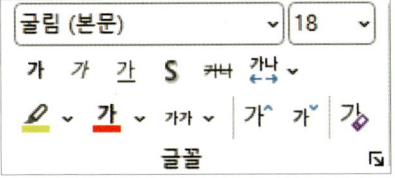

② **방법 2** : [글꼴] 대화상자를 이용하여 리본 메뉴의 [글꼴] 그룹에 있는 서식 이외의 다양한 글꼴 서식을 적용할 수 있습니다. [글꼴] 대화상자의 [문자 간격] 탭에서는 문자의 간격을 '보통, 넓게, 좁게'로 설정할 수 있습니다.

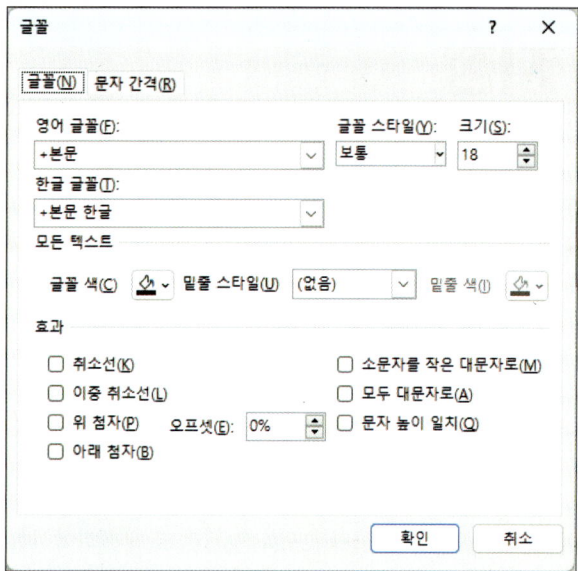

③ **방법 3** : 텍스트를 드래그하면 나타나는 미니 도구 모음을 이용하여 간단하게 글꼴 서식을 적용할 수 있습니다.

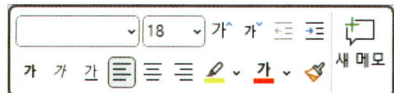

2 WordArt 스타일

WordArt는 다양한 색과 효과가 적용된 텍스트를 말합니다. WordArt를 사용하면 텍스트를 다양한 효과와 스타일, 채우기 색을 적용하여 꾸밀 수 있습니다.

- 텍스트 채우기 : 텍스트에 단색, 그라데이션, 그림, 질감으로 채웁니다.
- 텍스트 윤곽선 : 텍스트 테두리에 색, 두께, 선 스타일을 지정합니다.
- 텍스트 효과 : 텍스트에 그림자, 네온 또는 반사와 같은 시각 효과를 적용합니다.

> **예제 01** ★★★ 슬라이드 4의 제목 "조직도" 글꼴 색을 "주황, 강조 5"로 변경한 후 문자 간격을 1pt 넓게, 글꼴 스타일을 굵게로 변경하시오.

01 슬라이드 4의 제목 '조직도' 텍스트를 드래그하여 블록으로 지정합니다.

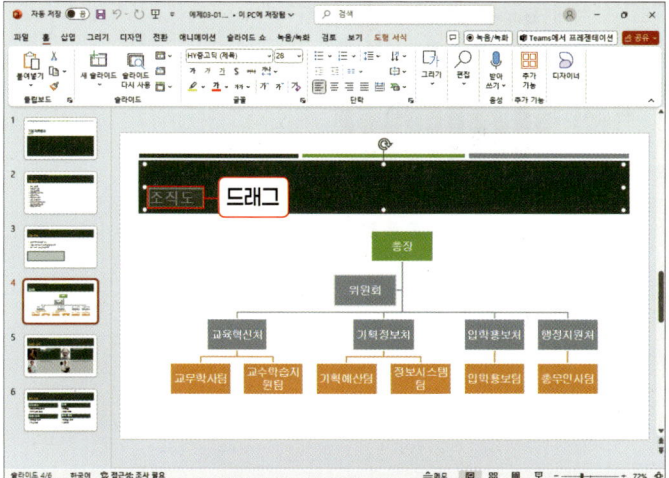

02 [홈] 탭 - [글꼴] 그룹의 🗔를 클릭합니다.

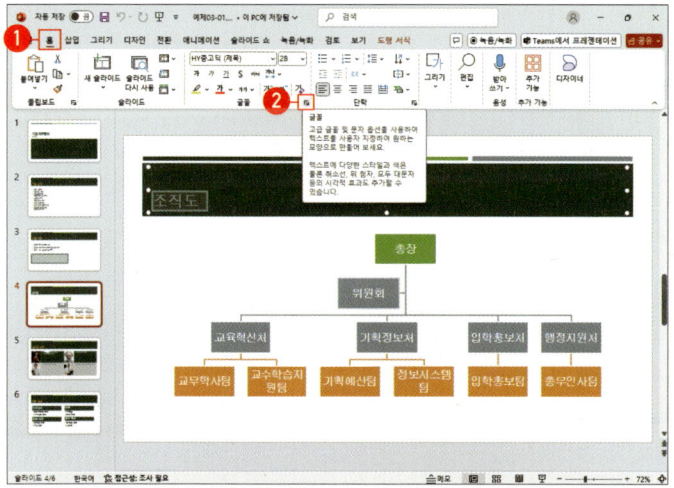

03 [글꼴] 대화상자의 [글꼴] 탭에서 [글꼴 색]을 [주황, 강조 5]로 선택합니다.

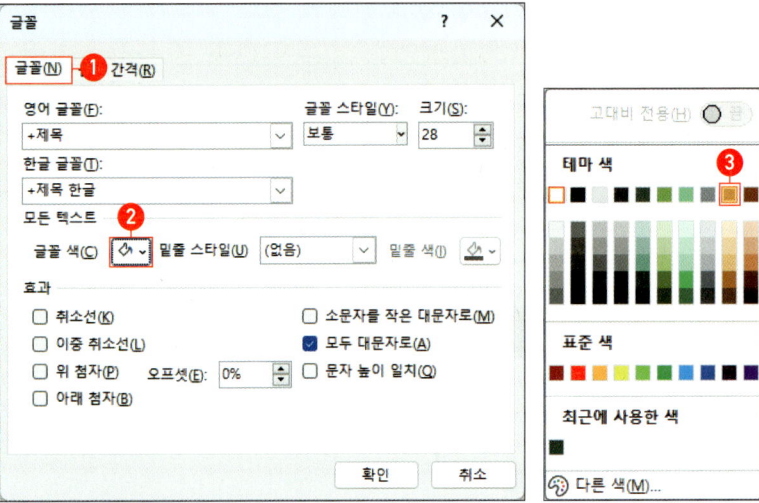

04 [글꼴] 대화상자의 [문자 간격] 탭에서 [간격]을 '넓게', [값]을 '1pt'로 설정합니다.

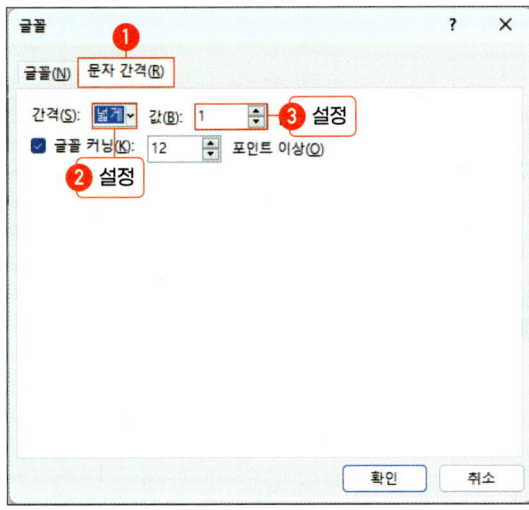

05 [글꼴] 대화상자의 [글꼴] 탭에서 [글꼴 스타일]을 [굵게]로 선택하고 [확인] 버튼을 클릭합니다.

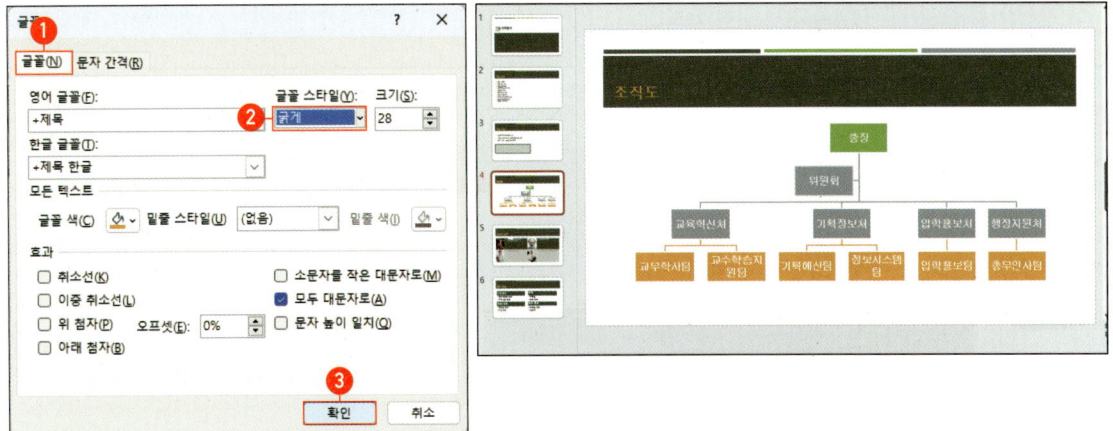

2. 글머리 기호 및 번호 매기기 목록

단락이란 긴 문장을 내용에 따라 나눈 것을 의미합니다. 단락에 적용할 수 있는 대표적인 서식으로 글머리 기호 및 번호 매기기와 줄 간격, 단 설정이 있습니다.

1 글머리 기호 및 번호 매기기

여러 문장을 입력할 때 글머리 기호나 번호 매기기를 적용하면 더욱 정리된 단락을 구성할 수 있습니다. 글머리 기호 및 번호 매기기를 한 번 적용하면 단락이 바뀔 때마다 자동으로 입력되고, 모양을 여러 가지 기호나 그림으로 변경할 수도 있습니다. 문장을 입력하고 Enter 키를 누르면 새로운 단락이 생성되며 단축키 Shift + Enter 를 누르면 같은 단락에서 줄 바꿈이 적용됩니다.

2 줄 간격

텍스트 간의 줄 간격이 너무 좁거나 넓으면 가독성이 떨어집니다. [줄 간격 옵션]을 사용하여 사용자가 쉽게 줄 간격을 조절할 수 있습니다.

3 단

텍스트나 단락을 두 개 이상의 열로 지정할 수 있습니다.

예제 02 ★★★ 슬라이드 2의 글머리 기호 목록이 두 단으로 표시되도록 서식을 지정하시오.

01 슬라이드 2의 글머리 기호 목록을 선택합니다.

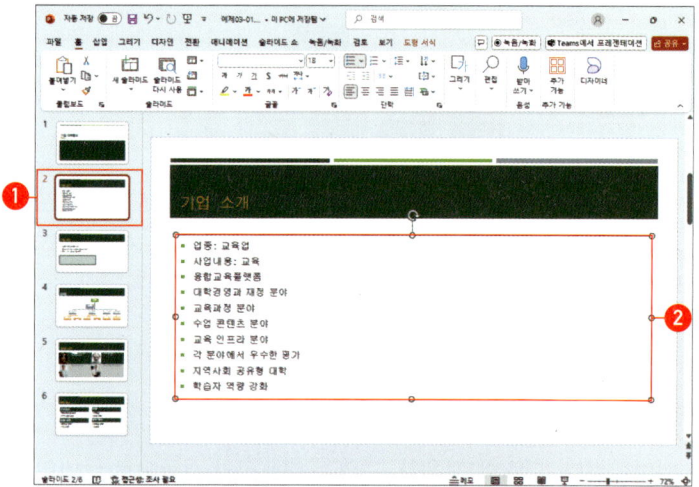

02 [홈] 탭 - [단락] 그룹의 [단 추가 또는 제거]에서 [2단]을 클릭합니다.

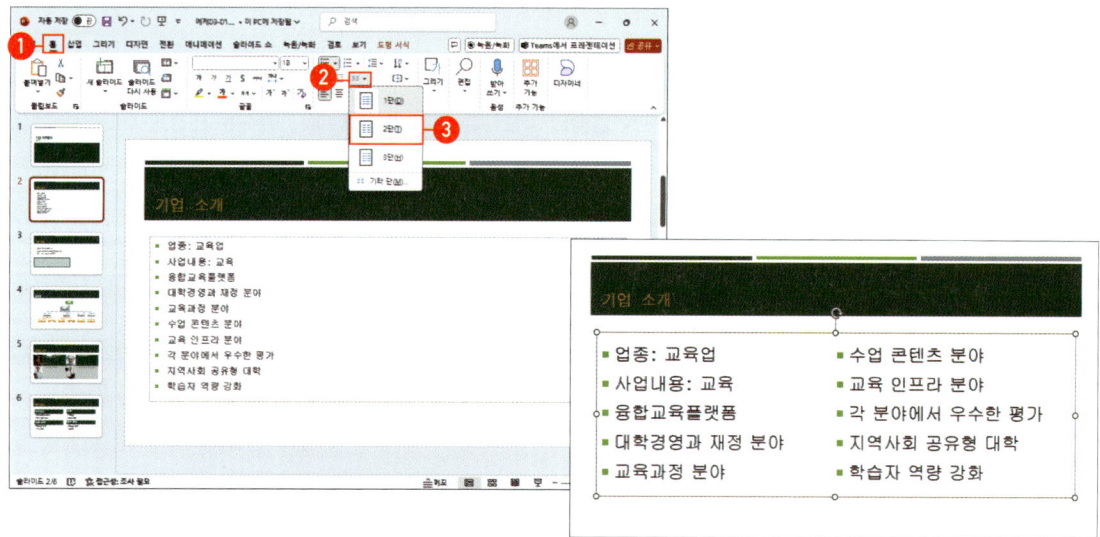

연습문제-03-01

준비 파일 : 연습03-01.pptx

01 슬라이드 2의 글머리 기호 목록이 두 단으로 표시되도록 서식을 지정하시오.
02 슬라이드 3의 제목 "시험 준비하기" 글꼴 색을 "바다색, 강조 1"로 변경한 후 문자 간격을 "1pt" 넓게 변경하시오.

Section 02 링크 삽입

도형이나 텍스트에 하이퍼링크를 연결하는 문제가 출제되고 있습니다.

Keyword 하이퍼링크, 연결

준비 파일 : 예제03-02.pptx

1. 하이퍼링크

하이퍼링크는 텍스트나 그림, 도형과 같은 개체를 클릭하면 웹 페이지나 다른 슬라이드로 이동되는 기능입니다. 하이퍼링크의 연결 대상을 '기존 파일/웹 페이지'로 설정하고 웹 페이지 주소를 입력하면 슬라이드 쇼 보기 화면에서 개체를 클릭했을 때 해당 웹 사이트가 바로 열리는 것을 확인할 수 있습니다.

> **예제 01** ★ 슬라이드 4에서 "시험 접수 홈페이지" 텍스트에 "http://www.ybmit.com"로 이동하는 하이퍼링크를 추가하시오.

01 슬라이드 4의 '시험 접수 홈페이지' 텍스트를 드래그하여 블록으로 지정한 후 [삽입] 탭 - [링크] 그룹 - [링크]를 클릭합니다.

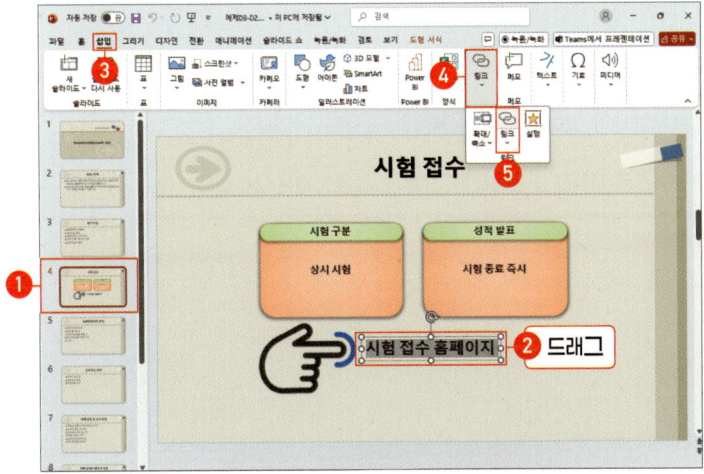

02 [하이퍼링크 삽입] 대화상자에서 [연결 대상]을 [기존 파일/웹 페이지(X)]로 선택하고 [주소]에 'http://www.ybmit.com'을 입력한 후 [확인] 버튼을 클릭합니다.

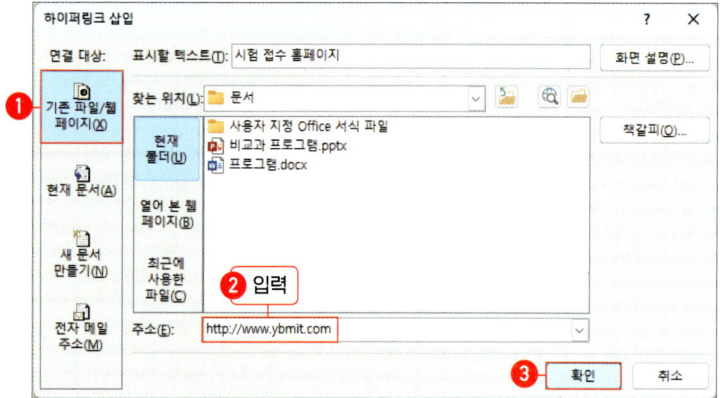

03 슬라이드 쇼를 진행하고 '시험 접수 홈페이지' 텍스트를 클릭하면 해당 홈페이지로 연결되는 것을 확인할 수 있습니다.(시험 시 이 작업은 생략합니다.)

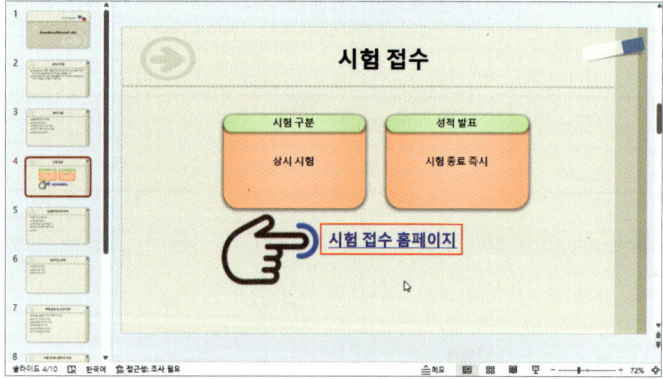

+ PLUS +

텍스트를 블록으로 지정하여 하이퍼링크를 삽입하면 텍스트 서식이 변경됩니다. 시험 시 감점 사항은 아닙니다.

+ PLUS +

단축키 Shift + F5 를 누르거나 [슬라이드 쇼] 탭 - [슬라이드 쇼 시작] 그룹 - [현재 슬라이드부터]를 클릭하여 슬라이드 쇼를 진행한 상태에서 하이퍼링크가 삽입된 개체 위로 마우스를 이동하면 포인터가 손가락 모양으로 바뀌고 링크된 주소가 스크린 팁으로 표시됩니다. 하이퍼링크를 실행하기 위해 개체를 클릭하면 해당 웹 사이트가 링크되어 열리는 것을 확인할 수 있습니다.

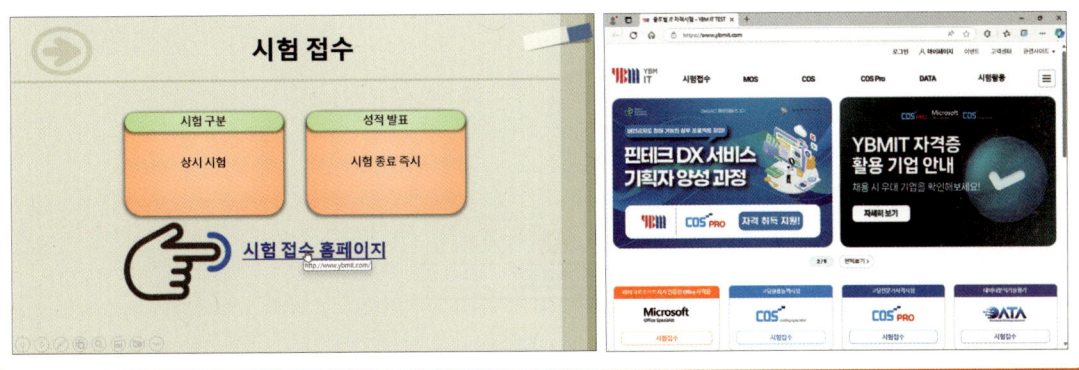

예제 02 ★
슬라이드 10의 원형 도형에 첫 번째 슬라이드로 이동하는 하이퍼링크를 추가하시오.

01 슬라이드 10의 원형 도형을 클릭하고 [삽입] 탭 - [링크] 그룹의 [링크]를 클릭합니다.

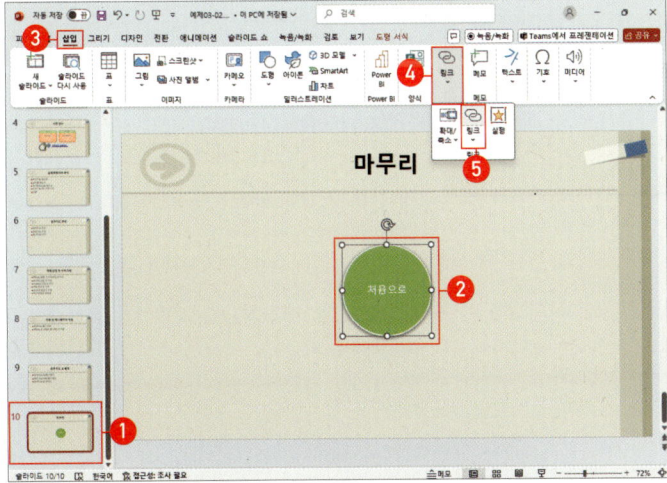

02 [하이퍼링크 삽입] 대화상자에서 [연결 대상]은 [현재 문서]를 클릭한 후 [이 문서에서 위치 선택]을 [첫째 슬라이드] 선택하고 [확인] 버튼을 클릭합니다.

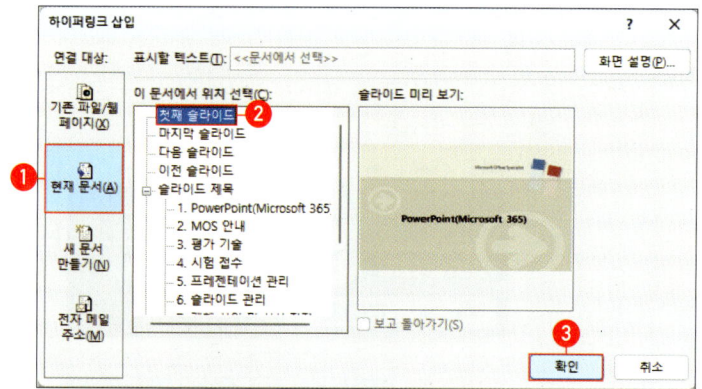

03 슬라이드 쇼를 진행하고 원형 도형을 클릭하면 첫 번째 슬라이드로 이동하는 것을 확인할 수 있습니다.(시험 시 이 작업은 생략합니다.)

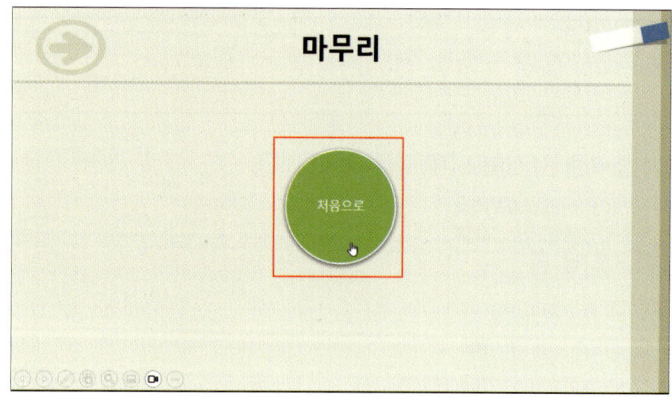

연습문제-03-02

준비 파일 : 연습03-02.pptx

01 슬라이드 1의 말풍선 도형에 8번 슬라이드로 이동하는 하이퍼링크를 추가하시오.
02 슬라이드 8 "검색" 텍스트에 "http://www.naver.com"로 이동하는 하이퍼링크를 추가하시오.

Section 03 이미지 삽입 및 서식 지정

슬라이드에 삽입된 이미지를 자르거나 이미지에 꾸밈 효과 적용하는 문제가 출제되고 있습니다.

Keyword 이미지 자르기, 꾸밈 효과

준비 파일 : 예제03-03.pptx

1. 이미지 크기 조정 및 자르기

청중에게 프레젠테이션의 내용을 효과적으로 전달하기 위해서는 슬라이드에 많은 텍스트를 삽입하는 것보다 함축적인 의미가 있는 그림을 삽입하는 것이 좋습니다. 슬라이드에는 jpg, gif, bmp, png, emf 등의 확장자를 가진 그림 파일을 삽입할 수 있고, 삽입한 그림은 슬라이드 크기에 맞게 높이와 너비를 조정할 수 있으며, 불필요한 부분을 자를 수도 있습니다. 또한 다양한 디자인 효과를 이용하여 편집이 가능합니다.

1 이미지 크기 조정

그림은 테두리나 모서리의 조절점을 드래그하거나 [그림 서식] 탭 - [크기] 그룹에서 수치를 직접 입력해 크기를 조절할 수 있습니다. 회전은 회전 핸들을 이용하거나 [정렬] 그룹 - [개체 회전] 기능을 통해 각도를 지정할 수 있습니다.

2 자르기

그림을 선택한 후 [그림 서식] 탭 - [크기] 그룹에서 [자르기]를 클릭하면 자르기 선, 도형 모양, 가로 세로 비율 등 다양한 방식으로 그림을 자를 수 있습니다. 또한, Shift 키를 누른 상태에서 드래그하면 그림의 비율을 유지하며 자를 수 있습니다.

> **예제 01** ★★★
> 슬라이드 3의 첫 번째 이미지가 슬라이드의 왼쪽 가장자리에 맞도록 자르시오. 다른 세 개의 가장자리가 바뀌지 않도록 하시오.(참고: 잘려진 영역을 영구적으로 제거하지 마시오.)

01 슬라이드 3의 첫 번째 이미지를 클릭하고 [그림 서식] 탭 - [크기] 그룹의 [자르기]를 클릭합니다.

02 이미지를 슬라이드의 왼쪽 가장자리에 오도록 드래그하여 조절합니다.

2. 내장된 스타일과 효과를 이미지에 적용

이미지의 밝기, 대비 및 선명도를 조절하거나 색을 변경할 수 있습니다. 또한 이미지에 꾸밈 효과를 추가하여 스케치 또는 회화처럼 보이도록 효과를 지정할 수 있습니다.

> **예제 02** ★★★
> "커피" 슬라이드의 가운데 이미지에 "입체 직사각형" 그림 스타일과 "연필 스케치" 꾸밈 효과를 이미지에 적용하시오.

01 '커피' 슬라이드의 가운데 이미지를 클릭하고 [그림 서식] 탭 - [그림 스타일] 그룹의 ▼를 클릭합니다.

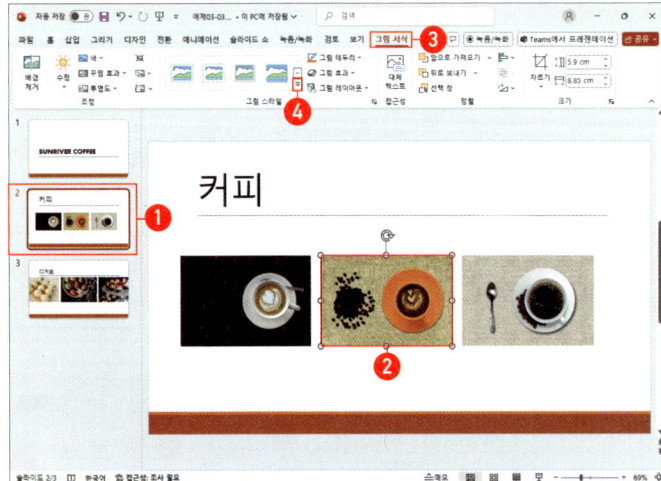

02 [입체 직사각형] 그림 스타일을 클릭합니다.

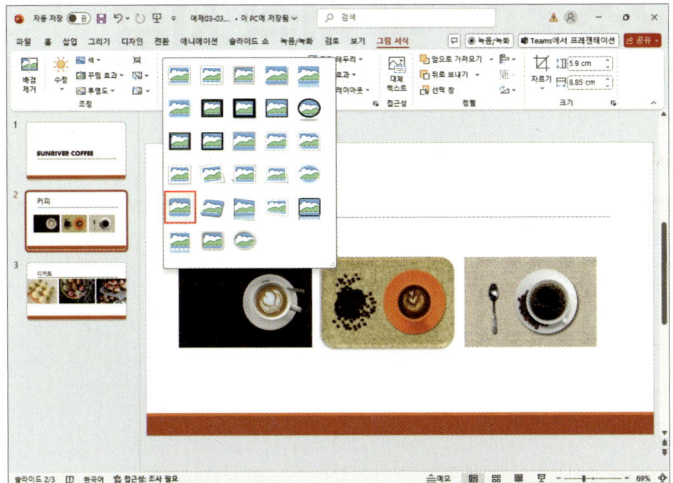

03 [그림 서식] 탭 - [조정] 그룹 - [꾸밈 효과]를 클릭하고 [연필 스케치] 꾸밈 효과를 클릭합니다.

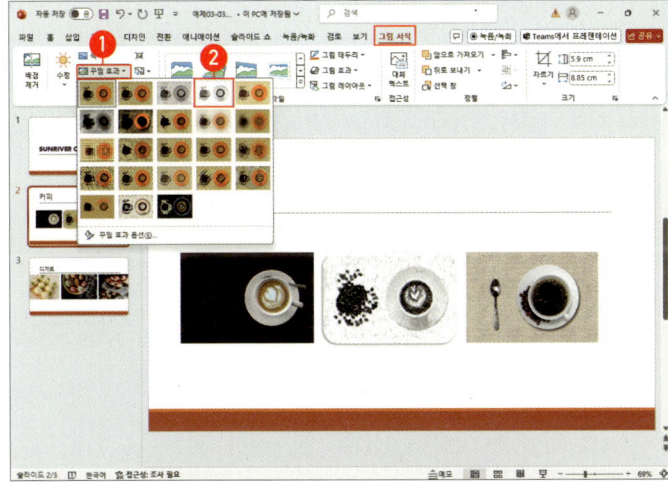

연습문제-03-03
준비 파일 : 연습03-03.pptx

01 슬라이드 6에서 "책" 이미지를 자르기 하여 검은색 영역을 제거하시오. 잘린 이미지가 "교실" 이미지의 상단과 하단에 맞춰져야 합니다. 이미지 너비는 바뀌지 않도록 유지하시오.(참고: 잘린 영역을 영구적으로 제거하지 마시오.)

02 "학습법 공모전 개최" 슬라이드의 이미지에 "단순형 프레임, 검정" 그림 스타일과 "분필 스케치" 꾸밈 효과를 이미지에 적용하시오.

Section 04 그래픽 요소 삽입 및 서식 지정

도형에 텍스트를 추가하거나 서식을 지정하는 문제가 출제되고 있습니다.

Keyword 도형 텍스트, 도형 채우기, 도형 윤곽선, 대체 텍스트

준비 파일 : 예제03-04.pptx

1. 그래픽 요소에 텍스트 추가

슬라이드에 도형을 삽입하고자 하는 경우 [삽입] 탭 – [일러스트레이션] 그룹 – [도형]을 클릭하거나 [홈] 탭 – [그리기] 그룹에 있는 [도형]을 클릭하여 삽입할 수 있습니다. 삽입된 도형을 도형 편집 기능을 사용하여 다른 도형 모양으로 변경하거나 도형에 텍스트를 입력할 수 있습니다.

1 도형 그리는 방법

① **Shift** + 드래그 : 정사각형, 정원, 직선을 그릴 수 있습니다.
② **Ctrl** + 드래그 : 도형의 가운데 중심점에서 상하좌우로 커지면서 그려집니다.

2 도형 선택 방법

여러 개의 도형을 한꺼번에 선택하려면 하나의 도형을 클릭한 후 나머지 도형은 **Shift** 키 또는 **Ctrl** 키를 누른 상태에서 클릭합니다.

3 도형 복사 방법

① **Ctrl** 키를 누른 상태에서 도형을 드래그합니다.
② **Ctrl** + **Shift** 키를 누른 상태에서 드래그하여 수직 및 수평으로 복사합니다.
③ **Ctrl** + **D** 키를 눌러 도형을 복제합니다.

4 도형 그룹 지정 방법

① 여러 개의 도형을 선택한 후 **Ctrl** + **G** 키를 누르거나 [홈] 탭 - [그리기] 그룹 - [정렬]의 [그룹]을 클릭합니다.
② 그룹을 해제하려면 **Ctrl** + **Shift** + **G** 키를 누릅니다.

> **예제 01** ★★★
> "학교 소개" 슬라이드의 타원 도형에 "내일을 위한 도전" 텍스트를 입력하시오.

01 '학교 소개' 슬라이드의 타원 도형을 클릭한 후 '내일을 위한 도전'을 입력합니다.

2. 그래픽 요소 크기 조정

슬라이드에 삽입된 개체를 [그림 서식] 탭 – [크기] 그룹에서 높이와 너비를 입력하여 크기를 변경할 수 있습니다. 해당 개체의 가로 세로 비율을 고정하거나 비례하여 크기를 변경할 수 있습니다. 개체 형식이 도형일 경우 [도형 서식] 탭이, 그림일 경우 [그림 서식] 탭으로 나타납니다.

> **예제 02** ★★★
> "학부 특성" 슬라이드에서 노트북 그래픽을 사람 그래픽의 정확한 너비 및 높이와 일치하도록 수정하시오.

01 '학부 특성' 슬라이드의 사람 그래픽을 클릭하고 [그림 서식] 탭 - [크기] 그룹에서 높이와 너비를 확인합니다.

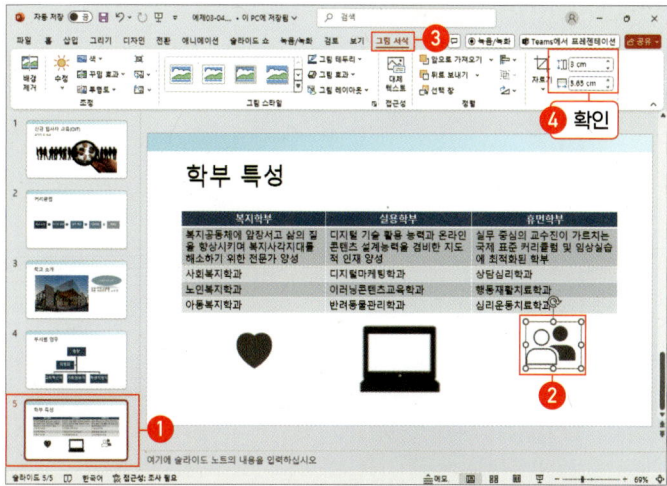

02 노트북 그래픽을 클릭하고 [그림 서식] 탭 - [크기] 그룹에서 사람 그래픽과 동일한 높이와 너비를 입력합니다.

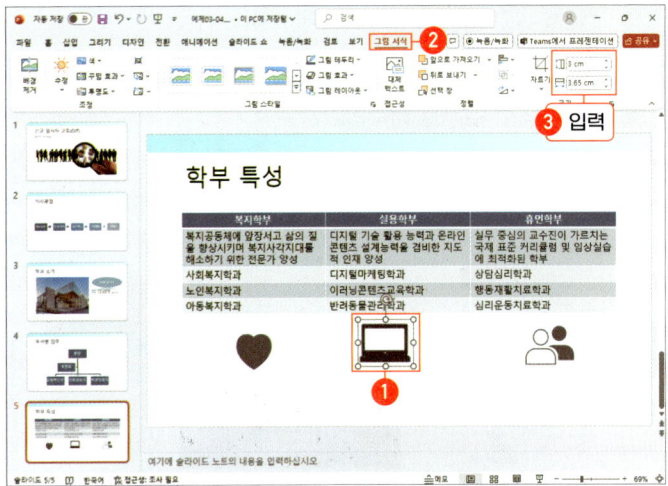

3. 그래픽 요소 서식 지정

1 도형 스타일

도형 스타일은 도형에 적용할 색이나 윤곽선, 도형 효과를 미리 정의해 놓은 서식을 말합니다. 도형을 선택한 후 도형 스타일을 클릭하면 다양한 서식을 적용할 수 있습니다. 도형을 클릭한 후 [도형 서식] - [도형 스타일] 그룹에서 [도형 스타일]을 선택하거나 [홈] 탭 - [그리기] 그룹의 [빠른 스타일]에서 도형 스타일을 적용할 수 있습니다.

① 도형 채우기 : 도형에 단색, 그라데이션, 그림, 질감을 적용합니다.
② 도형 윤곽선 : 도형 테두리의 색, 두께, 스타일 등을 지정합니다.
③ 도형 효과 : 선택된 도형의 기본 설정부터 그림자, 반사, 네온 등의 효과를 지정합니다.
④ 도형 스타일 : 미리 설정한 도형의 배경색, 테두리 등을 적용할 수 있습니다.

> **예제 03** ★★★
> 슬라이드 3에서 타원 도형을 직사각형 도형으로 변경하고, 도형 채우기 색을 "주황, 강조 2"로, 도형 윤곽선 색을 "옥색, 강조 4"로 변경하시오.

01 슬라이드 3에서 '타원' 도형을 클릭하고 [도형 서식] 탭 - [도형 삽입] 그룹의 [도형 편집]을 클릭합니다.

02 [도형 모양 변경] - [사각형]의 [직사각형]을 클릭합니다.

03 [도형 서식] 탭 - [도형 스타일] 그룹 - [도형 채우기]의 [주황, 강조 2]를 클릭합니다.

04 [도형 서식] - 탭 - [도형 스타일] 그룹 - [도형 윤곽선]의 [옥색, 강조 4]를 클릭합니다.

4. 접근성을 위해 그래픽 요소에 대체 텍스트를 추가

대체 텍스트 기능은 시각적 콘텐츠가 포함된 문서를 보다 포괄적으로 만들어, 시각 장애가 있는 사용자가 화면 읽기 프로그램을 통해 내용을 이해할 수 있도록 도와줍니다. 대체 텍스트는 그림, 도형, 차트, SmartArt 그래픽 등 다양한 개체에 추가할 수 있으며, 주요 정보가 포함된 이미지에 특히 유용합니다.

1 대체 텍스트 추가 방법

① 방법 1 : 개체를 선택한 후 마우스 오른쪽 버튼을 클릭하고 바로 가기 메뉴의 [대체 텍스트 보기]를 클릭합니다.
② 방법 2 : 개체를 선택하고 그래픽 형식 탭의 [접근성] 그룹 - [대체 텍스트]를 클릭합니다.

> **+ PLUS +**
> 개체 형식이 도형일 경우 [도형 서식] 탭, 그림일 경우 [그림 서식] 탭으로 나타납니다.

2 장식용으로 표시

'장식으로 표시' 옵션을 선택하면, 해당 개체가 단순히 디자인 목적으로만 사용된 것임을 화면 읽기 프로그램이 인식합니다. 장식용 개체에는 대체 텍스트를 입력하지 않아도 되며, 이 기능은 사용자가 불필요한 설명을 듣지 않도록 도와줍니다. 대체 텍스트를 사용하여 모든 사용자에게 접근성 높은 콘텐츠를 제공하면, 정보 전달의 효과가 더 커지고 콘텐츠 접근성이 크게 향상됩니다.

예제 04 ★★★ 슬라이드 5에 있는 하트 그래픽의 대체 텍스트를 장식으로 표시하여 화면 읽기 프로그램이 무시하도록 설정하시오.

01 슬라이드 5의 하트 그래픽을 클릭하고 [그림 서식] 탭 - [접근성] 그룹 - [대체 텍스트]를 클릭합니다.

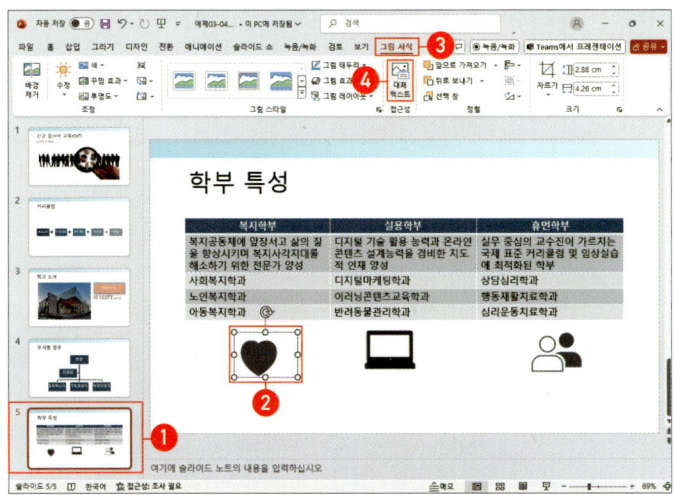

02 [대체 텍스트] 창에서 [장식으로 표시]에 체크한 후 창을 닫습니다.

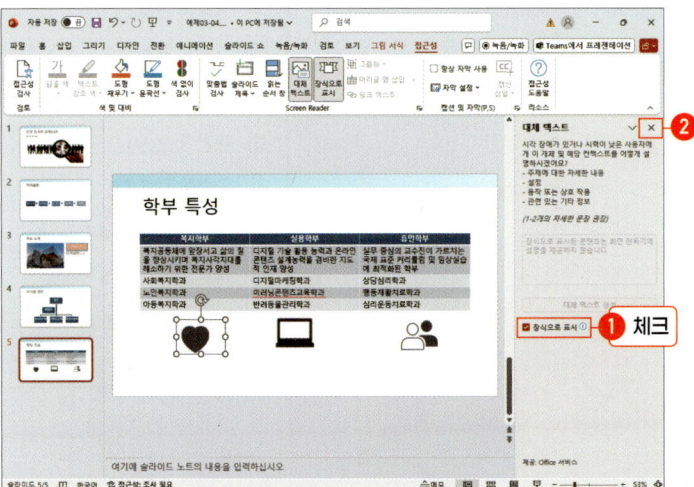

연습문제-03-04

준비 파일 : 연습03-04.pptx

01 "문의" 슬라이드의 전화 그래픽의 대체 텍스트를 장식으로 표시하여 화면 읽기 프로그램이 무시하도록 설정하시오.
02 슬라이드 2의 별 도형을 타원 도형으로 변경하고, 채우기 색을 "노랑"으로 도형 윤곽선 색을 "주황, 강조 2"로 변경하시오.

Section 05 슬라이드 콘텐츠 순서 지정, 정렬 및 그룹화

슬라이드에 삽입된 개체들의 순서를 변경하거나 정렬 및 그룹화하는 문제가 출제되고 있습니다.

Keyword 순서, 정렬, 그룹화

준비 파일 : 예제03-05.pptx

1. 슬라이드 콘텐츠 정렬

슬라이드에서 도형들을 정렬하고 순서를 조정하면, 더욱 깔끔하고 전문적인 디자인을 표현할 수 있습니다. 도형 정렬과 순서 조정 방법은 다음과 같습니다.

1 도형 정렬

여러 도형을 선택한 후 정렬 옵션을 사용하여 왼쪽, 가운데, 오른쪽 정렬 또는 위쪽, 중간, 아래쪽 정렬을 설정할 수 있고 도형들 간의 간격을 균등하게 배치하여 보기 좋은 배열을 만들 수도 있습니다. 대부분의 슬라이드 편집기에서는 수평 및 수직 간격을 자동으로 맞추는 기능을 지원합니다.

- 왼쪽 맞춤(L)
- 가운데 맞춤(C)
- 오른쪽 맞춤(R)
- 위쪽 맞춤(T)
- 중간 맞춤(M)
- 아래쪽 맞춤(B)
- 가로 간격을 동일하게(H)
- 세로 간격을 동일하게(V)
- ✓ 슬라이드에 맞춤(A)
- 선택한 개체 맞춤(O)

2 도형 순서 조정

겹쳐진 도형의 경우, 앞으로 가져오기 또는 뒤로 보내기 옵션을 사용하여 도형의 겹침 순서를 조정할 수 있습니다. 이 기능은 특정 도형이 강조되거나 다른 도형의 배경으로 사용될 때 유용하며, 시각적인 계층을 만들어 슬라이드의 구성을 더 명확하게 할 수 있습니다. 이러한 정렬과 순서 조정 기능을 통해 슬라이드의 구성 요소들이 깔끔하게 배치되어 전체 디자인의 완성도를 높일 수 있습니다.

> **예제 01**
> ★★★
> 슬라이드 3에서 가장 큰 연필 그래픽을 다른 연필 뒤로 보내고, 제목 텍스트 상자를 슬라이드의 중간에 세로로 맞추시오.

01 슬라이드 3에서 가장 큰 연필 그래픽을 클릭하고 [그림 서식] 탭 - [정렬] 그룹 - [뒤로 보내기]의 [맨 뒤로 보내기]를 클릭합니다.

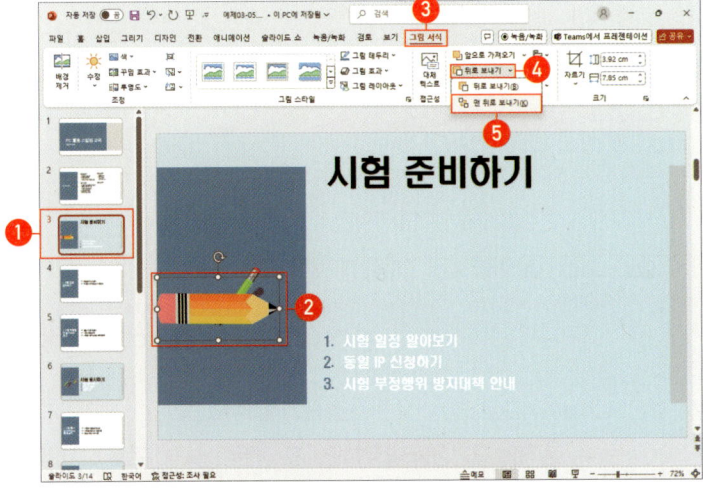

> **+ PLUS +**
> 마우스 오른쪽 버튼을 클릭한 후 바로 가기 메뉴의 [맨 뒤로 보내기]를 클릭해도 됩니다.

02 제목 텍스트 상자를 클릭하고 [도형 서식] 탭 - [정렬] 그룹 - [맞춤]의 [중간 맞춤]을 클릭합니다.

2. 그룹 슬라이드 콘텐츠

슬라이드에서 여러 개의 도형이나 개체를 그룹화하면 개체들이 하나로 묶여 이동하거나 크기를 조절하기 쉽습니다. 그룹화 기능은 복잡한 디자인 요소를 하나의 단위로 편집할 때 매우 유용합니다. 주요 기능과 단축키는 다음과 같다.

1 그룹화 방법

그룹화할 개체들을 선택할 때 Ctrl 키를 누른 채로 개체들을 클릭하여 여러 개체를 동시에 선택합니다. 선택한 개체들을 그룹화하려면 Ctrl + G 키를 누릅니다.

2 그룹 해제

개체의 그룹을 해제하려면 그룹화된 개체를 선택한 후 Ctrl + Shift + G 키를 눌러 그룹을 해제합니다.

3 그룹화의 장점

① 개체를 그룹으로 묶으면 일괄적인 크기 조정, 이동, 회전이 가능해지므로 레이아웃 편집을 쉽게 할 수 있습니다.
② 그룹화된 개체는 필요에 따라 언제든지 개별 편집이 가능하므로 작업 유연성을 유지하면서도 정돈된 슬라이드를 디자인할 수 있습니다.

예제 02 ★★★ | 슬라이드 6에서 연필 그래픽 3개의 위쪽 가장자리에 맞추고, 그룹화하시오.

01 슬라이드 6의 연필 그래픽 3개를 Ctrl 키를 누른 상태에서 모두 선택하고 [그림 서식] 탭 - [정렬] 그룹 - [맞춤]에서 [위쪽 맞춤]을 클릭합니다.

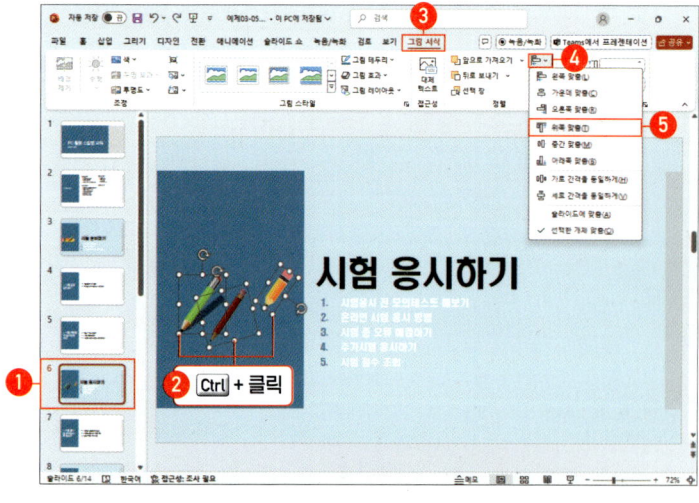

02 [그림 서식] 탭 - [정렬] 그룹 - [그룹화]의 [그룹]을 클릭합니다. 3개의 개체가 하나로 합쳐져 표시됩니다.

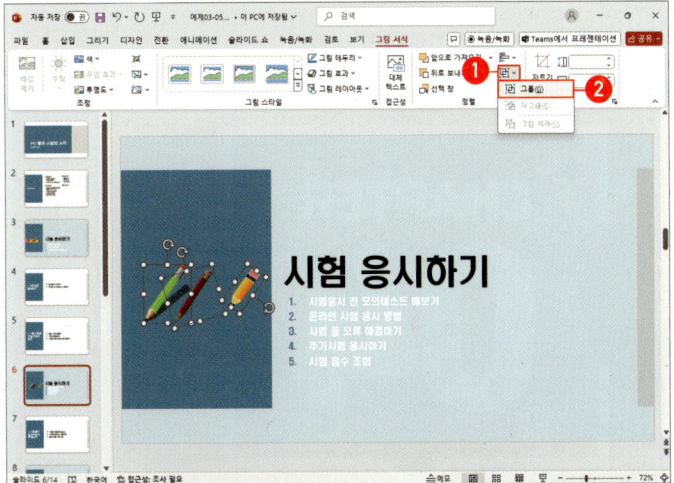

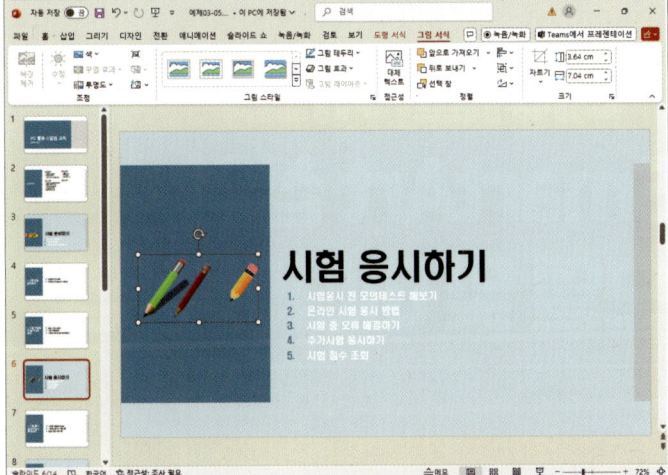

+ PLUS +
마우스 오른쪽 버튼을 클릭한 후 바로 가기 메뉴의 [그룹화]를 클릭하거나 Ctrl + G 키를 눌러 그룹화해도 됩니다.

연습문제-03-05
준비 파일 : 연습03-05.pptx

01 슬라이드 2에서 커피 이미지 3개의 아래쪽 가장자리를 맞추고, 그룹화하시오.
02 슬라이드 3에서 가장 큰 이미지를 다른 이미지 뒤로 보내시오.
03 슬라이드 1의 제목 텍스트 상자를 슬라이드의 중간에 세로로 맞추시오.

CHAPTER 04

테이블, 차트, SmartArt 삽입, 3D 모델 및 미디어 삽입

표, 차트, SmartArt, 3D 모델, 동영상, 오디오 등을 삽입한 후 수정하고 서식을 설정하는 문제가 출제되고 있습니다.

Section 01 테이블 삽입 및 서식 지정
Section 02 차트 삽입 및 수정
Section 03 SmartArt 삽입 및 서식 지정
Section 04 3D 모델 삽입 및 수정
Section 05 미디어 삽입 및 관리

Section 01 테이블 삽입 및 서식 지정

표를 삽입하여 텍스트를 입력하고 표의 서식을 변경하는 문제가 출제되고 있습니다.

Keyword 표, 표 스타일, 행, 열

📄 준비 파일 : 예제04-01.pptx

1. 표 생성 및 삽입

표는 복잡한 내용의 텍스트나 수치 데이터를 한눈에 파악할 수 있도록 일목요연하게 정리할 수 있습니다. 여러 데이터를 분류, 정리하여 보여주기 때문에 데이터를 비교하거나 어떤 항목들이 속해 있는지와 같은 정보를 전달함에 효과적입니다. 삽입된 표는 표 도구의 디자인과 레이아웃을 이용하여 편집할 수 있습니다.

1 표의 구성

표는 행과 열로 구성됩니다. 행과 열이 겹치는 부분을 셀이라고 하며 셀 안에는 텍스트, 수치와 같은 데이터를 입력합니다. 셀은 상황에 맞게 하나의 셀로 병합하거나 여러 셀로 분할할 수 있습니다.

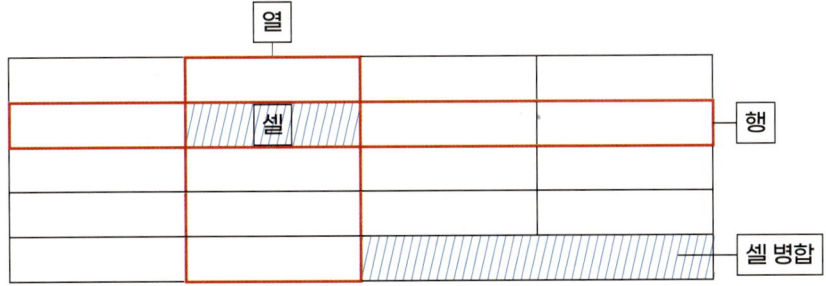

| 예제 01 | "기말고사 응시 현황" 슬라이드의 내용 개체 틀에 3열, 6행의 표를 삽입하시오. 머리글의 첫 번째
| ★★★ | 열에 "학과", 두 번째 열에 "응시", 세 번째 열에 "미응시"를 입력하시오.

01 '기말고사 응시 현황' 슬라이드에서 [삽입] 탭 - [표] 그룹 - [표] - [표 삽입]을 클릭합니다.

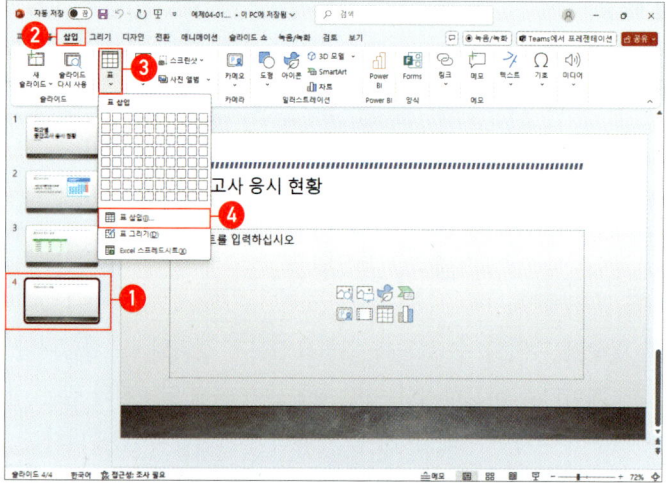

+ PLUS +
슬라이드의 내용 개체 틀에 있는 [표 삽입]을 클릭해도 됩니다.

02 [표 삽입] 대화상자에서 [열 개수]는 '3', [행 개수]는 '6'을 입력하고 [확인] 버튼을 클릭합니다.

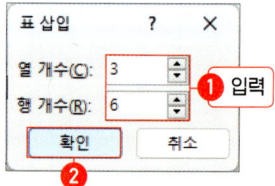

03 삽입된 표의 머리글 첫 번째 열에 '학과', 두 번째 열에 '응시', 세 번째 열에 '미응시'를 입력합니다.

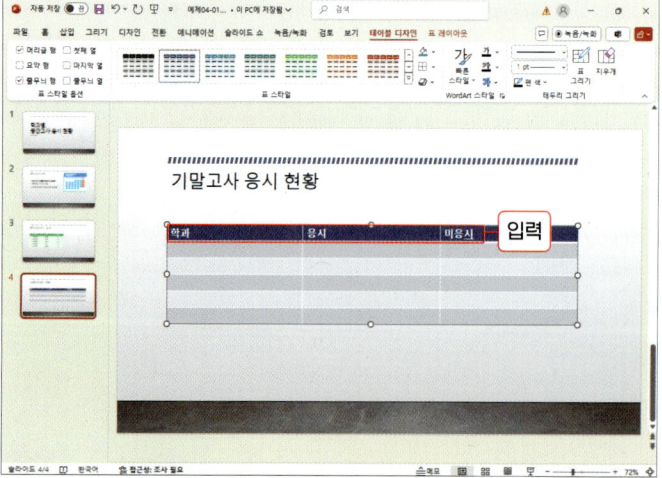

2. 표 스타일 적용

표에 스타일이나 음영, 테두리와 같은 표 서식을 적용하여 디자인할 수 있습니다. 또한 표의 행 및 열을 추가하고 표의 높이와 너비를 조정할 수 있습니다.

> **예제 02** ★★★
> "기말고사 응시 현황" 슬라이드의 표에 "보통 스타일 2 - 강조 4" 스타일을 적용하시오. 행에 색이 번갈아 적용되지 않도록 표 스타일 옵션을 설정하시오.

01 '기말고사 응시 현황' 슬라이드의 표를 클릭하고 [테이블 디자인] 탭 - [표 스타일] 그룹의 ▼를 클릭합니다.

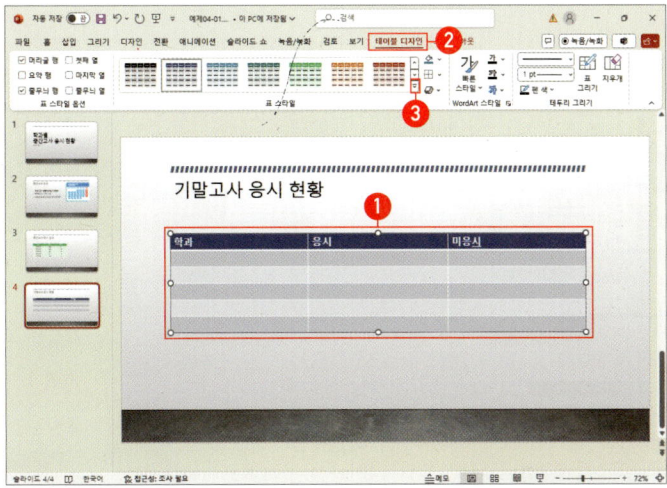

02 [보통 스타일 2 - 강조 4] 표 스타일을 클릭합니다.

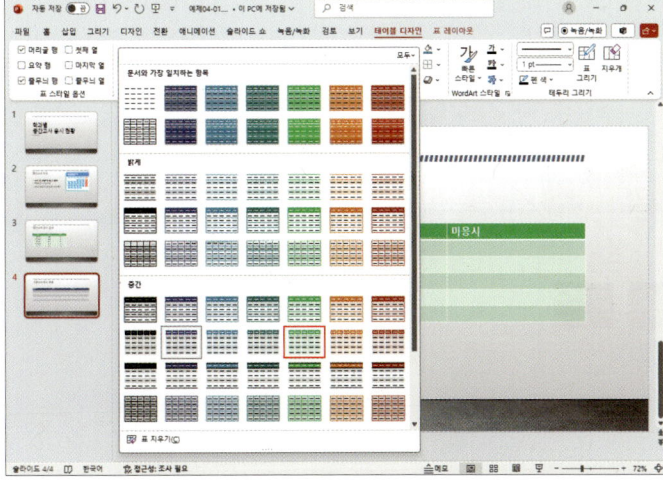

03 [테이블 디자인] 탭 - [표 스타일 옵션] 그룹 - [줄무늬 행]의 체크를 해제합니다.

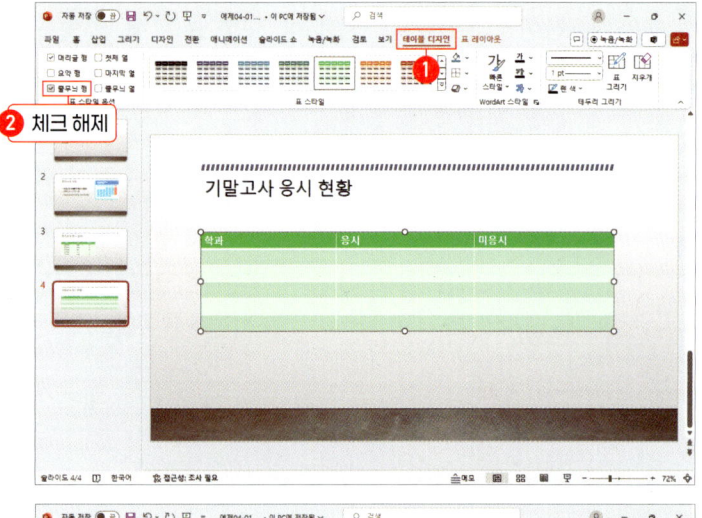

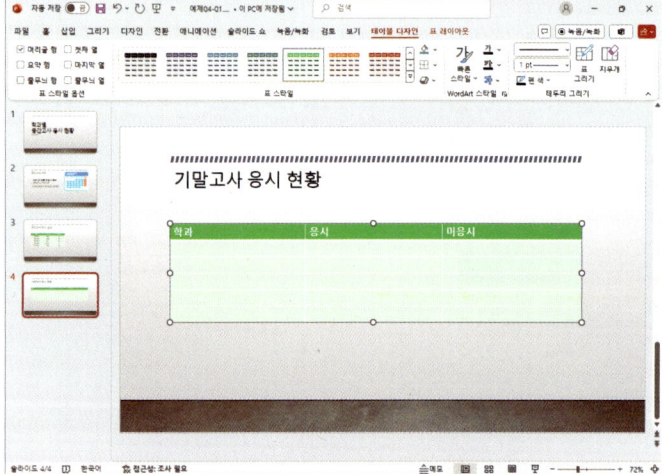

+ PLUS +

표 지우기

적용된 표 스타일을 지우려면 [표 스타일] 그룹에서 ▽를 클릭하고 [표 지우기]를 클릭합니다.

연습문제-04-01

준비 파일 : 연습04-01.pptx

01 "교안 신청 교과목" 슬라이드에 2열, 5행의 표를 삽입하고 "보통 스타일 2 - 강조 2" 스타일을 적용하시오. 행에 색이 번갈아 적용되지 않도록 표 스타일 옵션을 변경하시오.

Section 02 차트 삽입 및 수정

주어진 데이터를 이용하여 차트를 만드는 문제가 출제되고 있습니다.

Keyword 차트, 원형 차트, 꺾은선형 차트, 표 데이터

준비 파일 : 예제04-02.pptx

1. 차트 생성 및 삽입

차트는 숫자 데이터를 한눈에 비교 및 파악하기 쉽도록 그래픽으로 표현한 것입니다. 사용된 차트의 종류나 레이아웃을 변경할 수 있으며 차트 제목, 축 제목, 범례, 눈금선 등 다양한 요소를 추가하거나 삭제할 수 있습니다.

> **예제 01** ★★★
> "응시 인원 비교" 슬라이드의 표 내용이 표시된 꺾은선형 차트를 만드시오. 학과를 항목으로 중간고사 및 기말고사를 데이터 계열로 사용하십시오. 차트 워크시트에 표 데이터를 복사하여 붙여넣거나 수동으로 입력할 수 있습니다.

01 '응시 인원 비교' 슬라이드에서 [삽입] 탭 - [일러스트레이션] 그룹의 [차트]를 클릭합니다.

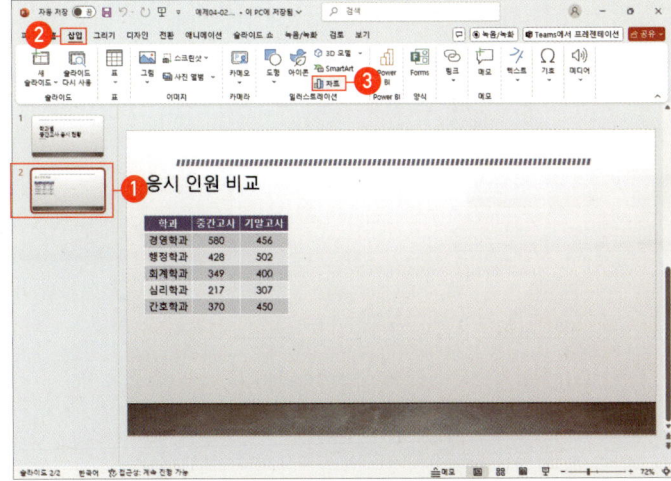

02 [차트 삽입] 대화상자에서 [꺾은선형]의 [꺾은선형] 차트를 클릭하고 [확인] 버튼을 클릭합니다.

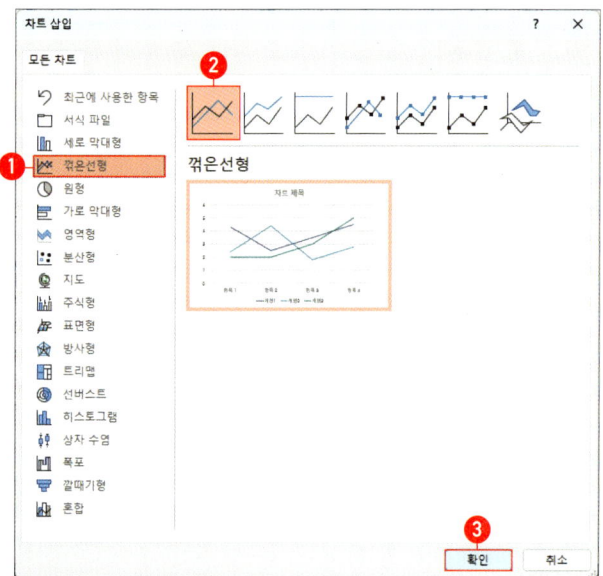

03 표 전체 범위를 드래그하여 선택한 후 Ctrl + C 키를 눌러 복사합니다.

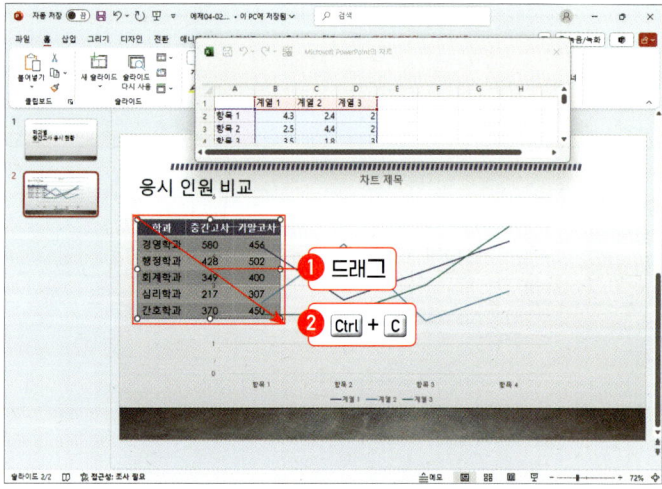

04 데이터 편집 창의 [A1] 셀을 클릭한 후 Ctrl + V 키를 눌러 붙여넣기 합니다.

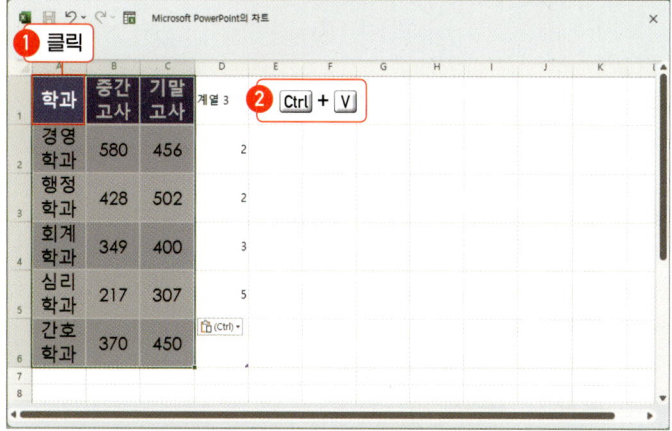

05 'D' 열에서 마우스 오른쪽 버튼을 클릭한 후 바로 가기 메뉴의 [삭제]를 클릭하고 창을 닫습니다.

06 표 내용으로 '꺾은선형' 차트가 슬라이드에 삽입됩니다.(실제 시험에서 차트의 크기를 변경할 필요는 없습니다.)

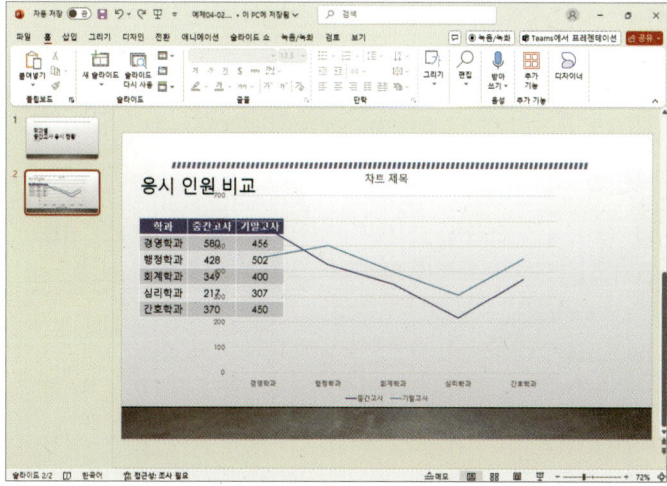

2. 차트 수정

1 차트 요소

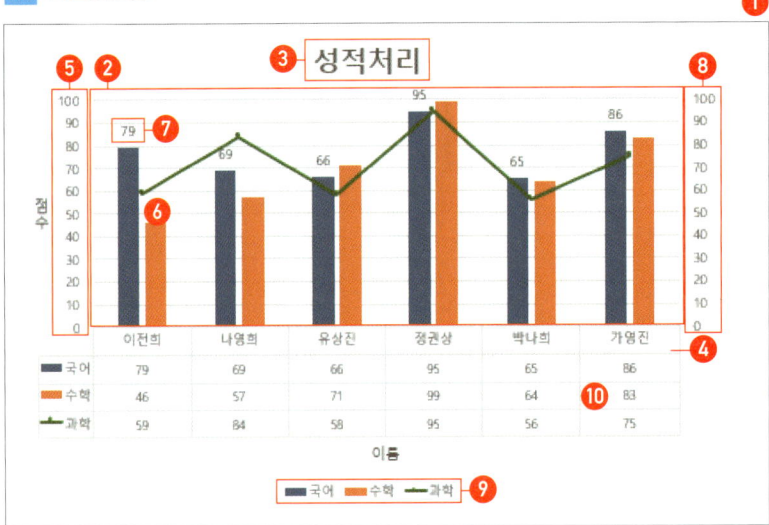

① 차트 영역 : 차트의 전체 영역으로 모든 차트 요소가 포함되어 있습니다.
② 그림 영역 : 실제 차트가 표시됩니다.
③ 차트 제목 : 차트의 제목이 표시됩니다.
④ 가로(항목) 축 : 차트에서 일정한 간격으로 항목이 표시됩니다.
⑤ 세로(값) 축 : 차트에서 값이 표시되는 세로 영역입니다.
⑥ 데이터 계열 : 데이터를 나타내는 도형으로 데이터 값에 따라 변경됩니다.
⑦ 데이터 레이블 : 데이터의 값을 표시하거나 항목 이름 등을 표시합니다.
⑧ 보조 축 : 데이터 계열이 여러 개인 경우 기본 축과 함께 값을 표시합니다.
⑨ 범례 : 데이터 계열, 항목 이름을 쉽게 파악할 수 있도록 색이나 모양으로 표시합니다.
⑩ 데이터 테이블 : 차트 하단에 원본 데이터를 테이블 형태로 표시합니다.

2 차트 종류

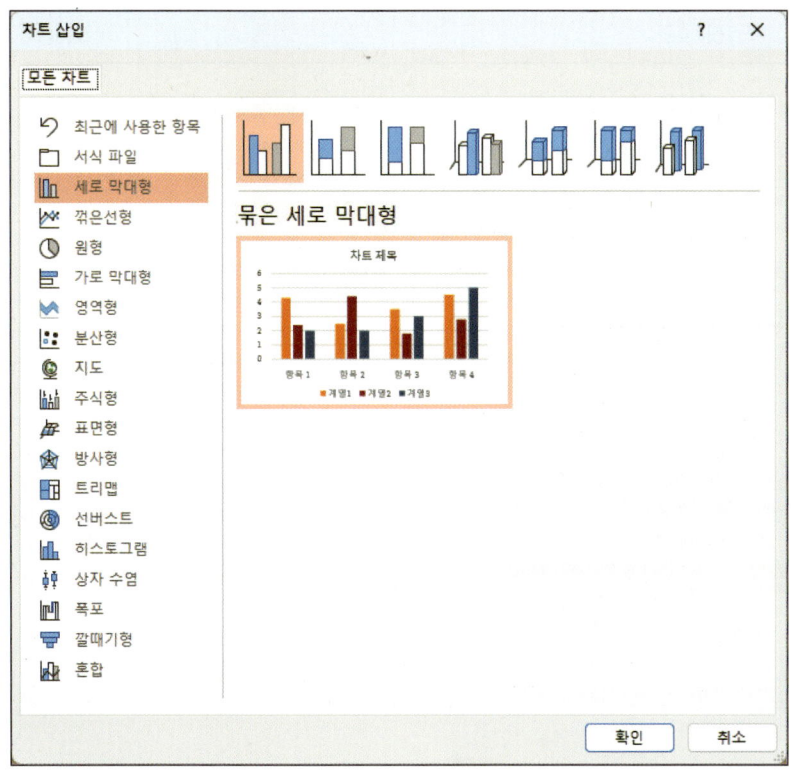

① **최근에 사용한 항목** : 최근 삽입한 차트가 표시됩니다.
② **서식 파일** : 차트 서식 파일을 가져옵니다.
③ **세로 막대형** : 항목 간 수치 비교에 적합합니다.
④ **꺾은선형** : 시간에 따른 추세나 변화를 분석합니다.
⑤ **원형** : 전체 대비 각 항목 비율을 시각화합니다.
⑥ **가로 막대형** : 텍스트가 긴 항목의 비교에 적합합니다.
⑦ **영역형** : 시간에 따른 누적 데이터 흐름을 표현합니다.
⑧ **분산형** : 두 변수 간의 상관관계 분석 또는 세 변수를 시각화합니다.
⑨ **지도** : 지리적 데이터를 시각화합니다.
⑩ **주식형** : 주가, 연간 기온, 일일 강우량 등의 데이터 변화를 표현합니다.
⑪ **표면형** : 데이터의 높낮이와 분포를 입체적으로 표현합니다.
⑬ **방사형** : 다변량 항목의 상대 비교에 적합합니다.
⑭ **트리맵** : 많은 항목을 한눈에 파악할 수 있습니다.
⑮ **선버스트** : 트리맵보다 구조와 흐름을 더 직관적으로 표현합니다.
⑯ **히스토그램** : 데이터 분포를 구간별로 나누어 분석합니다.
⑰ **상자 수염** : 데이터의 중앙값, 사분위수, 이상치를 분석합니다.
⑱ **폭포** : 각 단계의 증감 또는 감소를 누적적으로 보여줍니다.
⑲ **깔때기형** : 데이터를 단계적인 구조로 시각화합니다.
⑳ **혼합** : 서로 성격이 다른 두 데이터 계열을 동시에 시각화합니다.

> **예제 01** ★★★
> "응시 인원 비교" 슬라이드에 삽입한 차트의 크기를 표 오른쪽에 알맞게 조절하고, 차트 제목을 "학과별 응시 인원"으로 변경하시오.

01 '응시 인원 비교' 슬라이드에서 차트의 왼쪽 하단에 있는 조절점을 드래그하여 크기를 적당하게 조절합니다.

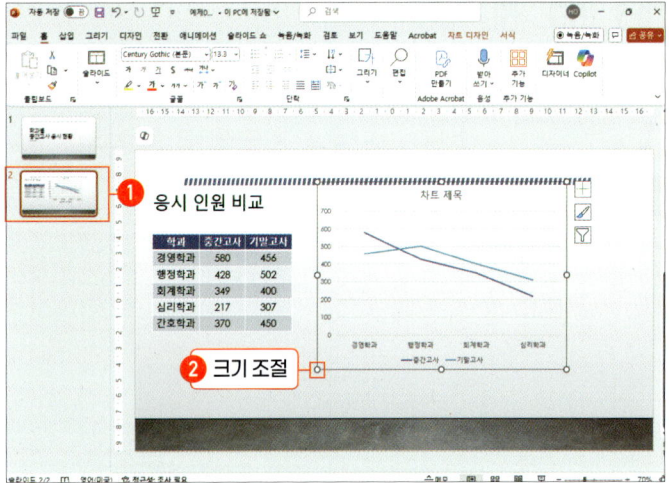

02 '차트 제목'을 드래그해 블록으로 지정한 후 '학과별 응시 인원'을 입력합니다.

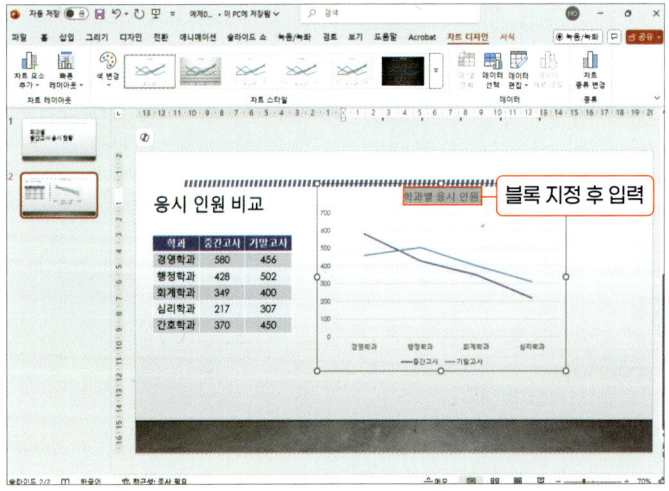

연습문제-04-02
준비 파일 : 연습04-02.pptx

01 "학부별 신청 현황" 슬라이드의 내용 개체 틀에 표 내용이 표시된 원형 차트를 만드시오. 차트 워크시트에 표 데이터를 분석하여 붙여 넣거나 수동으로 입력할 수 있습니다.

Section 03 SmartArt 삽입 및 서식 지정

SmartArt 그래픽을 삽입하고 서식을 지정하는 문제가 출제되고 있습니다.

Keyword SmartArt 그래픽, 도형 추가

준비 파일 : 예제04-03.pptx

1. SmartArt 그래픽 삽입 및 서식 지정

프레젠테이션에서 텍스트 위주의 슬라이드보다는 도형이나 이미지와 같은 그래픽 요소로 구성하면 내용을 쉽게 파악할 수 있습니다. 하지만 모든 내용을 도형으로 삽입하여 디자인하기에는 비효율적입니다. SmartArt는 미리 정의해 놓은 디자인된 그래픽 요소로, 도형을 일일이 삽입하여 꾸미는 번거로움 없이 작업 시간을 단축 시킬 수 있습니다.

> **예제 01**
> ★★★
>
> 슬라이드 5의 내용 개체 틀에 왼쪽에서부터 "학습서비스", "시험응시", "모의테스트 시작"을 포함하는 연속 블록 프로세스형 SmartArt 그래픽을 삽입하고 SmartArt 그래픽 색상을 "어두운 색 2 채우기"로 변경하시오.

01 슬라이드 5를 클릭하고 [삽입] 탭 - [일러스트레이션] 그룹 - [SmartArt]를 클릭합니다.

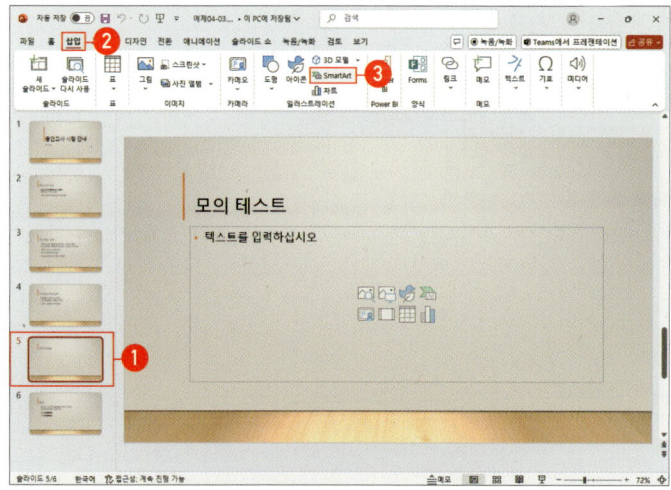

> **+ PLUS +**
> 내용 개체 틀의 [SmartArt]를 클릭해도 됩니다.

02 [SmartArt 그래픽 선택] 대화상자에서 [프로세스형]의 [연속 블록 프로세스형] SmartArt 그래픽을 선택하고 [확인] 버튼을 클릭합니다.

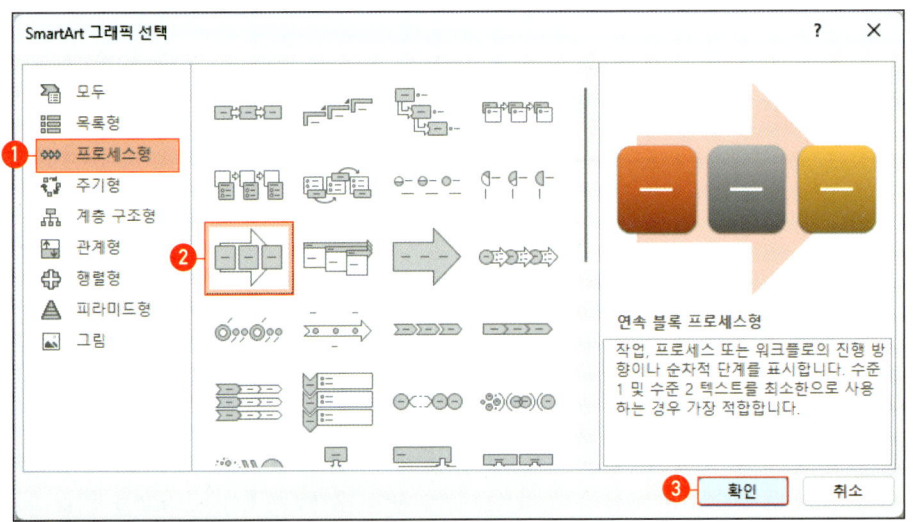

03 삽입된 SmartArt 그래픽의 왼쪽부터 '학습서비스', '시험응시', '모의테스트 시작'을 입력합니다.

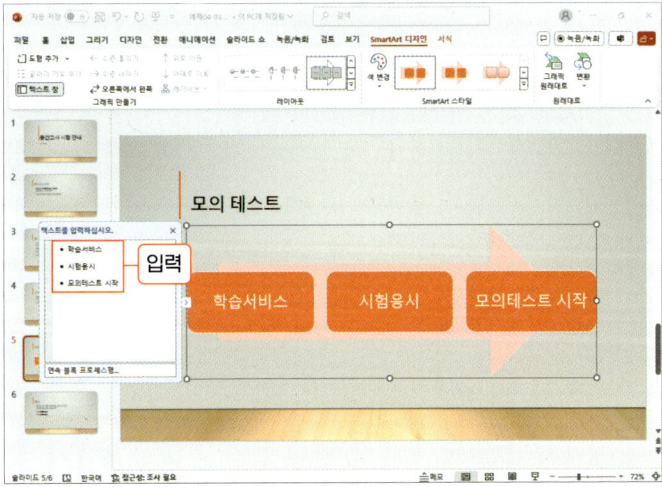

04 SmartArt 그래픽 색상을 변경하기 위해 [SmartArt 디자인] 탭 - [SmartArt 스타일] 그룹의 [색 변경]을 클릭하고 [기본 테마 색]의 [어두운 색 2 채우기]를 클릭합니다.

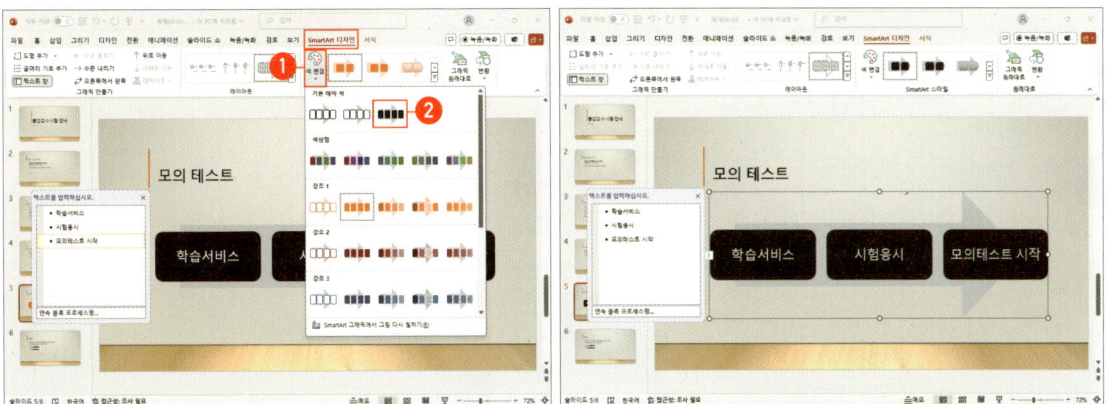

+ PLUS +

SmartArt 그래픽에 텍스트 입력과 배경색 채우기

① SmartArt 그래픽에 텍스트 입력
- **방법 1** : SmartArt 그래픽을 선택하여 직접 텍스트를 입력합니다.
- **방법 2** : 텍스트 창에서 입력합니다. 텍스트 창이 사라졌다면 [SmartArt 디자인] 탭 - [그래픽 만들기] 그룹에서 [텍스트 창]을 클릭거나 SmartArt 그래픽의 왼쪽에 있는 ⟨ 버튼을 클릭하여 표시할 수 있습니다. 텍스트 창에서 텍스트를 입력하고 Enter 키를 누르면 SmartArt 그래픽에 텍스트가 추가됩니다. 텍스트 창의 글머리 기호 목록에서 Tab 키를 누르면 상위 수준에 종속되어 들여쓰기로 표시되며, Shift + Tab 키를 누르면 다시 내어쓰기가 됩니다.

② SmartArt 그래픽에 배경색 채우기
SmartArt 그래픽의 색상을 일괄적으로 변경한 것은 [색 변경]을 통해 미리 만들어진 색상을 적용할 수 있습니다. 하지만 각각의 도형에 색상을 변경하려면 [서식] 탭의 [도형 스타일] 그룹에서 도형을 선택하여 변경할 수 있습니다.

2. SmartArt 그래픽과 목록 간 변환

슬라이드의 텍스트를 다이어그램이나 순서도와 같은 SmartArt 그래픽으로 변환할 수 있습니다. 슬라이드에 정보를 텍스트가 아닌 그래픽으로 표시하여 가독성을 높일 수 있습니다.

> **예제 02**
> ★★★
> 슬라이드 4의 목록을 세로 그림 강조 목록형 SmartArt 그래픽으로 변환하시오.

01 슬라이드 4의 목록을 클릭하고 [홈] 탭 - [단락] 그룹 - [SmartArt로 변환]의 [기타 SmartArt 그래픽]을 클릭합니다.

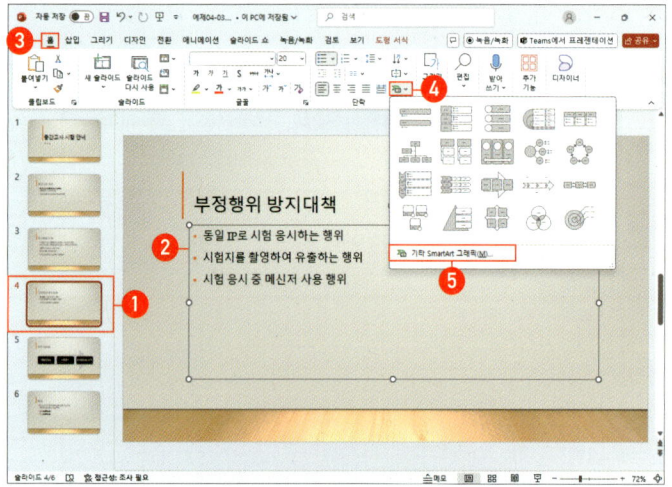

02 [SmartArt 그래픽 선택] 대화상자에서 [목록형]의 [세로 그림 강조 목록형] SmartArt 그래픽을 선택하고 [확인] 버튼을 클릭합니다.

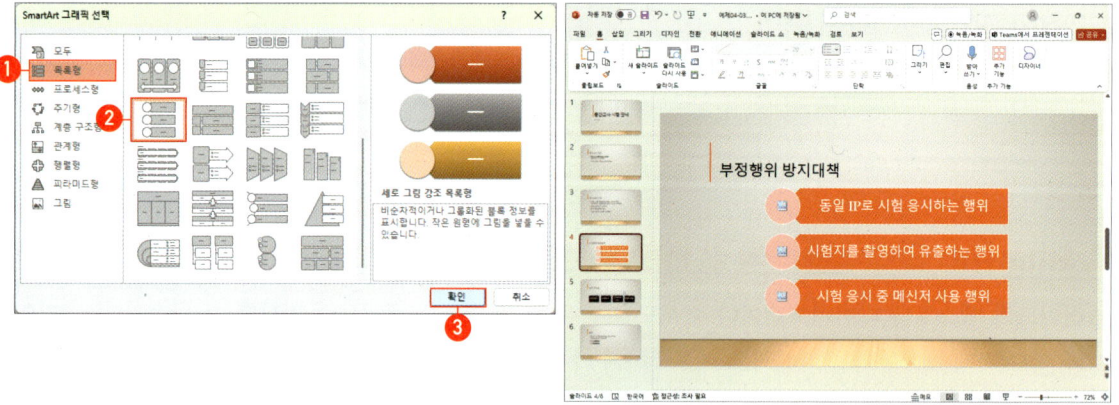

3. SmartArt 그래픽 콘텐츠 추가 및 수정

삽입된 SmartArt 그래픽에 도형을 추가하거나 삭제할 수 있고 도형의 순서를 조정하여 텍스트를 입력할 수도 있습니다. SmartArt 그래픽을 선택하여 직접 텍스트를 입력하거나 [텍스트 창]을 열어 입력할 수도 있습니다.

> **예제 03** ★★★ 슬라이드 5의 SmartArt 그래픽에서 "모의테스트 시작" 도형 바로 뒤에 도형을 추가하시오. 새 도형에 "답안지 제출" 텍스트를 삽입하시오. SmartArt 그래픽의 기존 도형은 변경하지 마시오.

01 슬라이드 5의 SmartArt 그래픽에서 '모의테스트 시작' 도형을 클릭합니다.

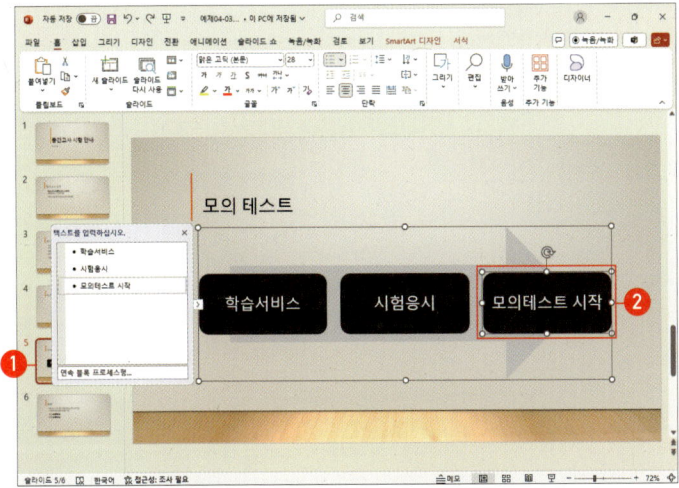

02 [SmartArt 디자인] 탭 - [그래픽 만들기] 그룹 - [도형 추가]의 [뒤에 도형 추가]를 클릭합니다.

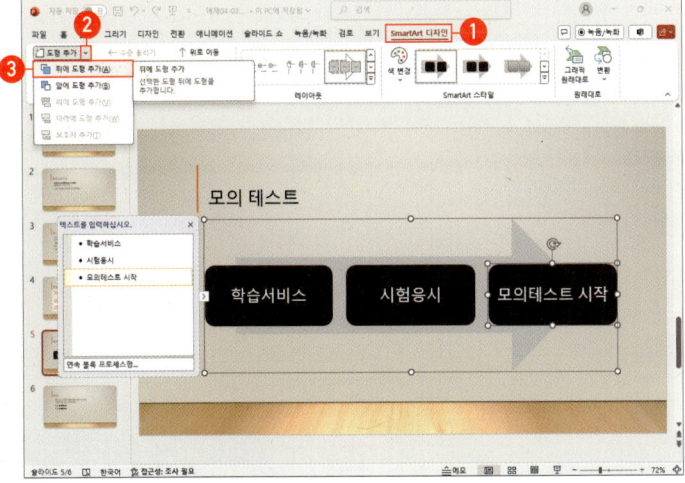

03 삽입된 새 도형을 클릭하고 '답안지 제출'을 입력합니다.

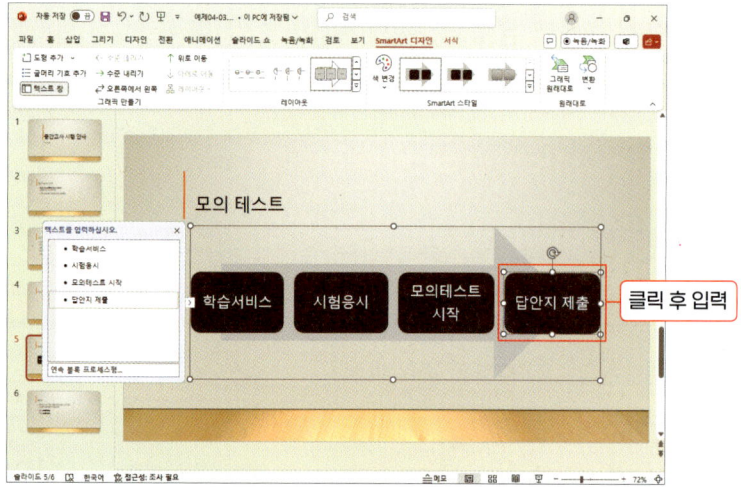

연습문제-04-03

준비 파일 : 연습04-03.pptx

01 슬라이드 2의 내용 개체 틀에 위에서부터 "중간고사 준비", "중간고사 응시", "과제제출"을 포함하는 세로 곡선 목록형 SmartArt 그래픽을 삽입하고 SmartArt 그래픽 색상을 "색상형 - 강조색"으로 변경하시오.

02 삽입한 SmartArt 그래픽의 마지막 도형에 "토론 참여" 텍스트를 표시하는 도형을 추가하시오.

Section 04: 3D 모델 삽입 및 수정

3D 모델의 크기 및 방향을 변경하는 문제가 출제되고 있습니다.

Keyword 3D 모델

준비 파일 : 예제04-04.pptx

1. 3D 모델

3D 모델을 사용하면 360° 회전하여 시각적인 효과를 줄 수 있습니다. 3D 모델을 삽입하기 위해 [삽입] 탭 – [일러스트레이션] 그룹 – [3D 모델]을 클릭합니다. [이 디바이스]를 클릭하면 컴퓨터에 저장된 3D 파일만 보이며, 온라인 소스에서 3D 모델을 찾아 삽입할 수도 있습니다.

> **예제 01** ★★★
> 슬라이드 3의 3D 모델 보기를 위쪽 앞 왼쪽으로 변경하시오. 그런 다음 모델의 높이를 "12.07 cm"로 크기를 조정하시오.

01 슬라이드 3의 3D 모델을 선택하고 [3D 모델] 탭 - [3D 모델 보기] 그룹의 ▼를 클릭합니다.

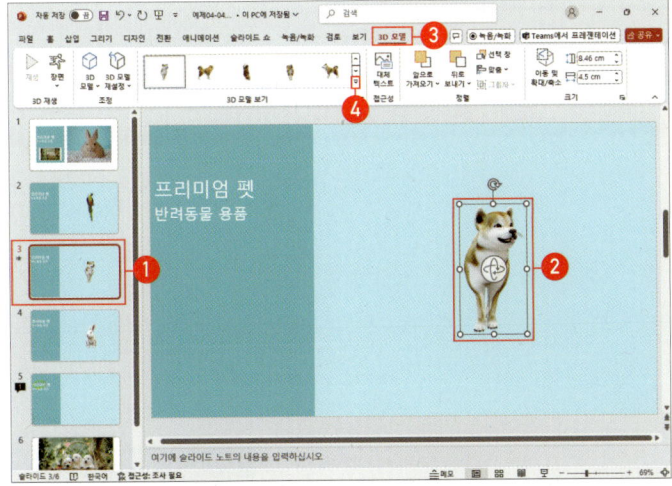

02 [위쪽 앞 왼쪽] 모델 보기를 클릭합니다.

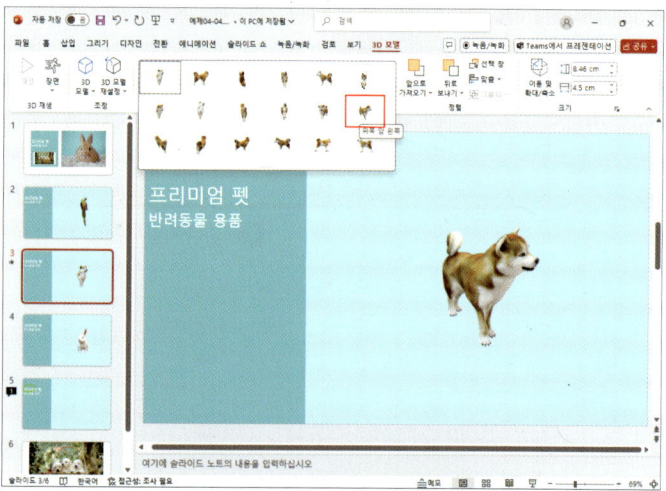

03 [3D 모델] 탭 - [크기] 그룹에서 높이를 '12.07 cm'로 입력하고 Enter 키를 누릅니다.

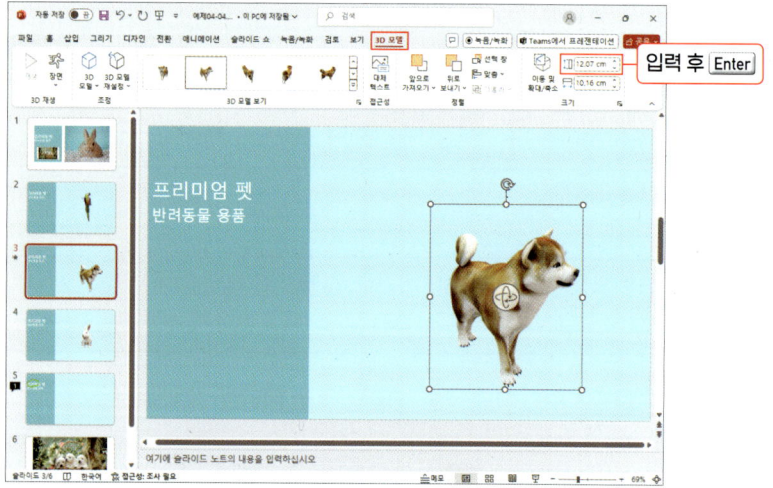

연습문제-04-04

준비 파일 : 연습04-04.pptx

01 슬라이드 3의 3D 모델 보기를 위쪽 앞 오른쪽으로 변경하시오. 그런 다음 모델의 높이를 "7.07 cm", 너비를 "13.15 cm"로 크기를 조정하시오.

Section 05 미디어 삽입 및 관리

슬라이드에 오디오 및 동영상을 삽입하고 재생 옵션을 변경하는 문제가 출제되고 있습니다.

Keyword 오디오, 비디오, 동영상

📄 준비 파일 : 예제04-05.pptx

1. 오디오 및 비디오 클립 삽입

프레젠테이션에서 비디오나 오디오와 같은 멀티미디어 요소를 삽입하면 역동적인 슬라이드를 작성할 수 있고, 청중의 시선을 끌기에 효과적입니다. 슬라이드에 멀티미디어 개체를 삽입하고 편집할 수 있는 기능과 다양한 재생 옵션을 적용할 수 있습니다.

> **예제 01** ★★★ 슬라이드 5에 동영상 폴더의 "오리.mp4" 비디오를 삽입하시오. 비디오의 정확한 크기와 위치는 중요하지 않습니다.

01 슬라이드 5에서 [삽입] 탭 - [미디어] 그룹 - [비디오]의 [이 디바이스]를 클릭합니다.

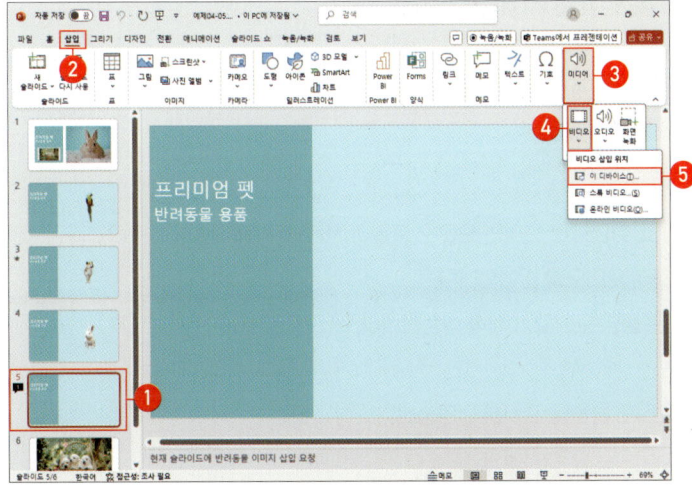

Section 05 미디어 삽입 및 관리   **109**

02 [비디오 삽입] 대화상자에서 [동영상] 폴더를 선택하고 [오리.mp4]를 선택한 후 [삽입] 버튼을 클릭합니다.

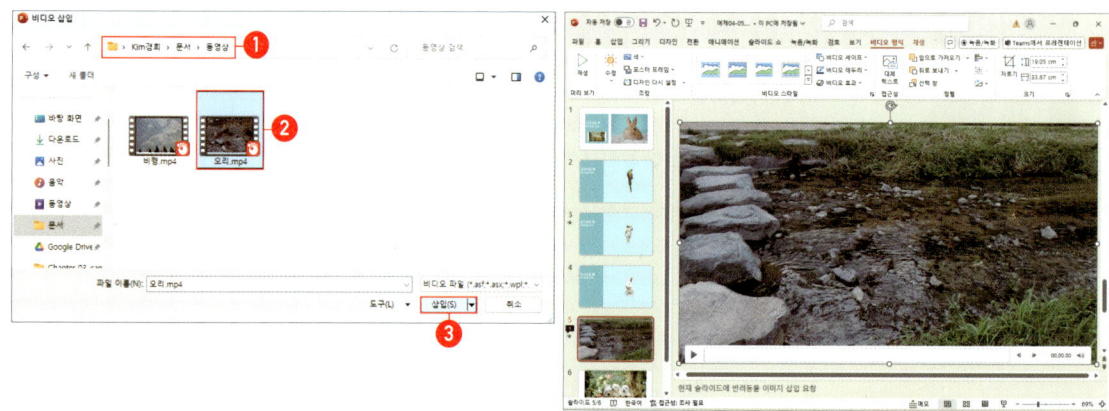

2. 미디어 재생 옵션 구성

1 오디오 도구

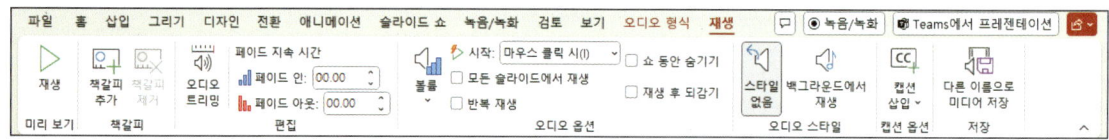

① 재생 : 슬라이드에 삽입된 오디오 파일을 미리 듣기 합니다.

② 책갈피 추가 : 책갈피를 추가하여 원하는 오디오 구간으로 쉽게 이동할 수 있습니다.

③ 오디오 트리밍 : 오디오 재생 구간을 필요한 부분만 남길 수 있습니다.

④ 페이드 지속 시간 : 오디오 파일의 시작과 종료 시 페이드 효과를 적용합니다.

⑤ 볼륨 : 오디오 파일의 볼륨을 조정합니다.

⑥ 시작 : 오디오를 실행하기 위한 방법을 선택합니다.

- 자동 실행 : 오디오 클립이 삽입된 슬라이드가 쇼 화면으로 보이면 오디오 파일이 자동으로 실행됩니다.
- 클릭할 때 : 슬라이드 쇼 진행 시 화면을 클릭하여 오디오를 실행합니다.

⑦ 모든 슬라이드에서 재생 : 슬라이드 쇼를 진행하는 동안 오디오가 계속 실행됩니다.

⑧ 반복 재생 : 오디오 파일이 반복해서 재생됩니다.

⑨ 쇼 동안 숨기기 : 슬라이드 쇼를 진행하는 동안 오디오 클립을 표시하지 않습니다.

⑩ 재생 후 되감기 : 오디오 재생이 종료되면 다시 처음으로 되감습니다.

2 비디오 도구

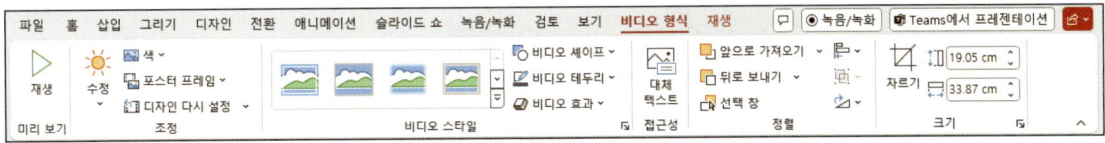

① **재생** : 슬라이드에 삽입된 비디오 파일을 미리 재생합니다.
② **수정** : 비디오의 밝기 및 대비를 조절합니다.
③ **색** : 비디오의 색을 변경하여 스타일 효과를 적용합니다.
④ **포스터 프레임** : 비디오가 재생되기 전의 첫 화면을 설정합니다.
⑤ **비디오 스타일** : 를 클릭하여 미리 만들어진 비디오 스타일을 적용할 수 있습니다.
⑥ **비디오 셰이프** : 비디오 화면을 도형으로 표시합니다.
⑦ **비디오 테두리** : 비디오 화면의 윤곽선 서식을 적용합니다.
⑧ **비디오 효과** : 반사, 네온, 입체 효과 등을 비디오 화면에 적용합니다.

> **예제 02** ★★★
> 슬라이드 5에서 "00:02.775"에서 시작하여 "00:08.285"에서 종료되도록 비디오를 트리밍하고, 비디오를 중단하기 전까지 연속적으로 반복 재생되도록 비디오를 설정하시오.

01 슬라이드 5의 비디오 개체를 클릭합니다.

02 [재생] 탭 - [편집] 그룹의 [비디오 트리밍]을 클릭합니다.

03 [비디오 트리밍] 대화상자에서 [시작 시간]에 '00:02.775', [종료 시간]에 '00:08.285'를 입력한 후 [확인] 버튼을 클릭합니다.

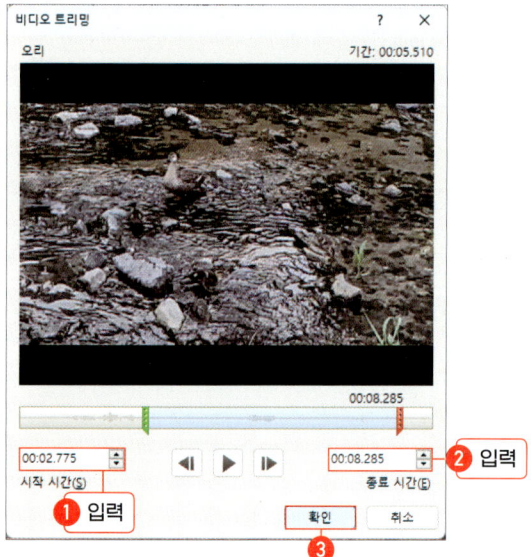

04 [재생] 탭 - [비디오 옵션] 그룹 - [반복 재생]을 체크합니다.

연습문제-04-05

준비 파일 : 연습04-05.pptx

01 슬라이드 3에 동영상 폴더의 "애완동물.mp4" 비디오를 삽입하시오. "00:01"에서 시작하여 "00:03"에서 종료되도록 비디오를 트리밍하고, 비디오를 중단하기 전까지 연속적으로 반복 재생되도록 비디오를 설정하시오. 비디오의 정확한 크기와 위치는 중요하지 않습니다.

CHAPTER 05

슬라이드 전환 및 애니메이션 적용

슬라이드 쇼 실행시 이용되는 화면 전환 효과 및 개체에 애니메이션과 효과를 적용하는 문제가 출제되고 있습니다.

Section 01 슬라이드 전환 효과 적용 및 구성
Section 02 슬라이드 내용에 애니메이션 적용

Section 01 슬라이드 전환 효과 적용 및 구성

슬라이드에 화면 전환 효과를 지정하는 문제가 출제되고 있습니다.

Keyword 슬라이드 전환, 화면 전환, 전환 효과

준비 파일 : 예제05-01.pptx

1. 기본 및 3D 슬라이드 전환 적용

슬라이드 쇼 진행 시 현재 슬라이드에서 다음 슬라이드로 이동할 때 나타나는 애니메이션을 '전환 효과'라고 합니다. PowerPoint에서는 다양한 화면 전환 효과를 기본으로 제공하며 전환 속도와 소리 등을 추가로 설정할 수 있습니다.

예제 01 ★★★
슬라이드 3, 4, 5에 상자 슬라이드 전환을 적용하시오.

01 슬라이드 3, 4, 5를 선택합니다.

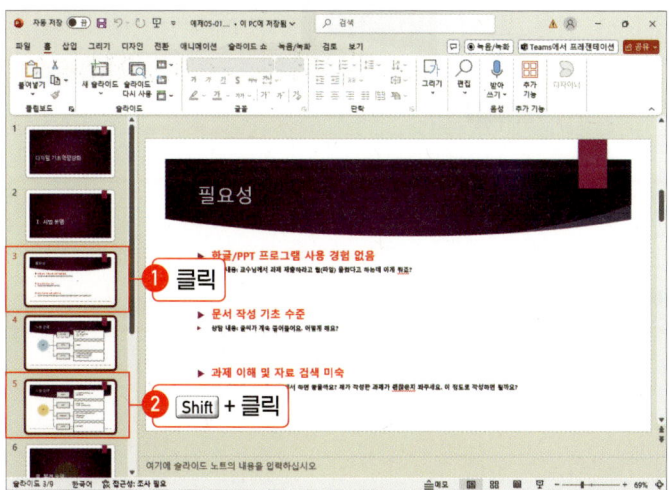

+ PLUS +
슬라이드 3을 클릭한 후 Shift 키를 누르고 슬라이드 5를 클릭하면 연속되는 3개의 슬라이드를 선택할 수 있습니다.

02 [전환] 탭 - [슬라이드 화면 전환] 그룹의 ▼를 클릭합니다.

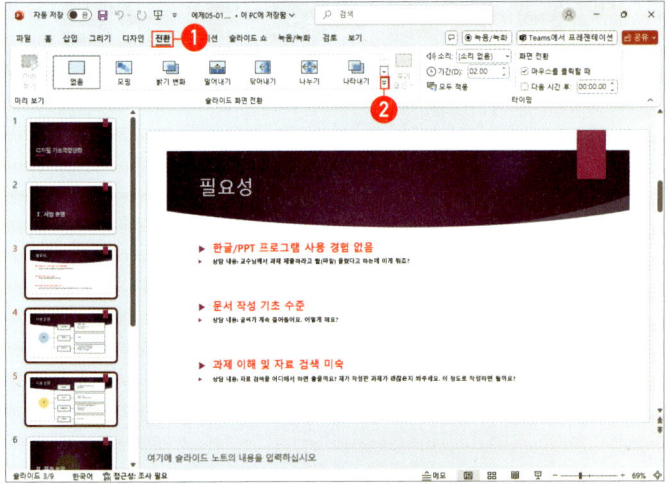

03 [화려한 효과]의 [상자] 슬라이드 화면 전환 효과를 클릭합니다.

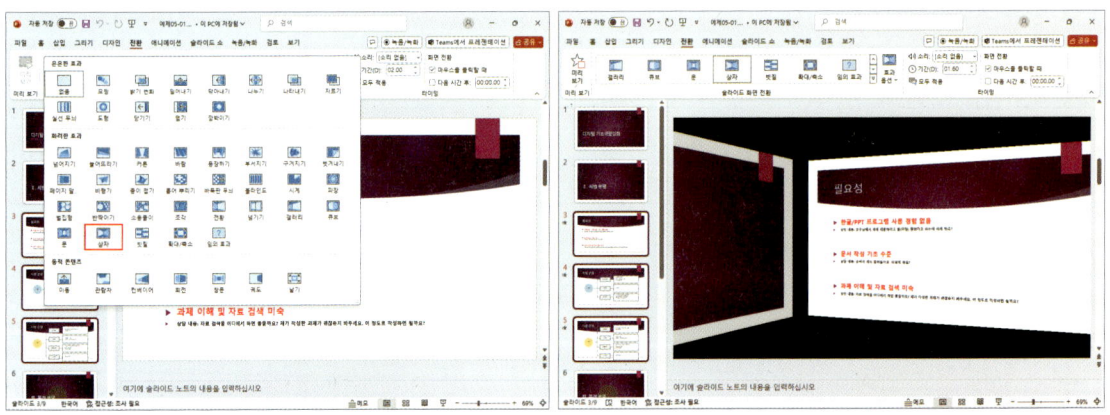

> **+ PLUS +**
> 화면 전환 효과는 선택된 슬라이드에만 적용됩니다. 모든 슬라이드에 적용하려면 모든 슬라이드를 선택하고 전환 효과를 설정하거나, 마지막에 [타이밍] 그룹의 [모두 적용] 클릭하면 됩니다.

2. 전환 효과 설정 및 타이밍 구성

슬라이드 화면 전환 효과를 설정할 때, 일정한 시간이 지나면 자동으로 다음 슬라이드로 넘어가도록 설정할 수 있습니다. 이 기능을 사용하면 프레젠테이션 진행자가 슬라이드 전환을 수동으로 조작하지 않아 편리하며, 자동으로 진행되는 키오스크 프레젠테이션에 유용합니다.

> **예제 02** ★★★
> 모든 슬라이드에 밝기 변화 전환을 적용하시오. 모든 슬라이드가 자동으로 2초 후에 화면 전환이 되도록 전환 효과를 설정하시오.

01 모든 슬라이드를 선택하고 [전환] 탭 - [슬라이드 화면 전환] 그룹의 ▼를 클릭한 후 [은은한 효과]의 [밝기 변화] 화면 전환 효과를 클릭합니다.

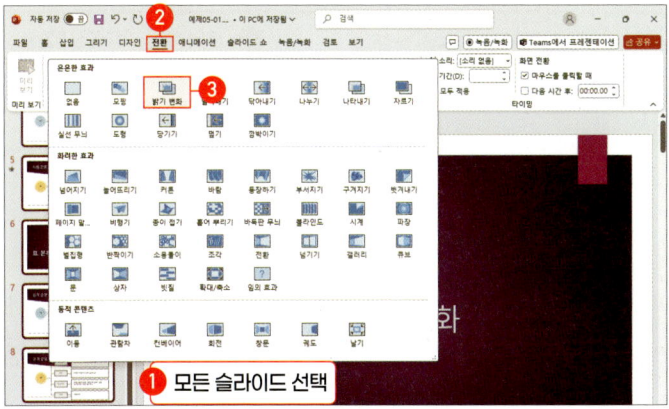

+ PLUS +

모든 슬라이드 선택 방법

① 첫 번째 슬라이드를 선택한 후 Shift 키를 누르고 마지막 슬라이드를 클릭합니다.
② 슬라이드가 선택된 상태에서 Ctrl + A 키를 누릅니다.
③ [보기] 탭 - [프레젠테이션 보기] 그룹 - [여러 슬라이드]를 클릭합니다.

---

02 [전환] 탭 - [타이밍] 그룹의 [다음 시간 후]를 체크한 후 '2'를 입력하고 Enter 키를 누릅니다.

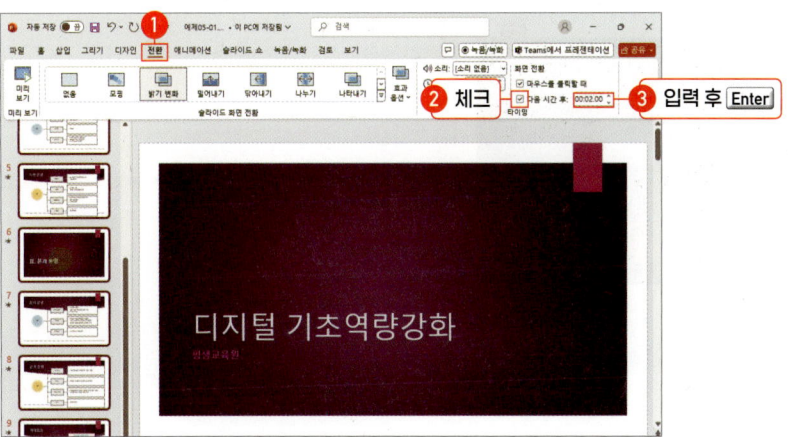

 　　　　　　　　　　　　　　　　　　　　준비 파일 : 연습05-01.pptx

01 모든 슬라이드에 바람 화면 전환을 적용하시오. 모든 슬라이드가 자동으로 3초 후에 화면 전환이 되도록 전환 효과를 설정하시오.

Section 02 슬라이드 내용에 애니메이션 적용

슬라이드 개체에 애니메이션을 적용하고, 효과 옵션을 적용하는 문제가 출제되고 있습니다.

Keyword 애니메이션, 효과 옵션

준비 파일 : 예제05-02.pptx

1. 애니메이션 적용

슬라이드에 삽입되어 있는 텍스트나 그래픽 개체에 애니메이션 효과를 적절하게 적용하면 슬라이드 쇼를 진행할 때 청중을 집중시킬 수 있습니다. 애니메이션 효과는 크게 나타내기, 강조, 끝내기, 이동 경로 영역으로 나눌 수 있습니다.

> **예제 01** ★★★
> 슬라이드 2의 3D 모델에 도착 애니메이션을 적용하고, 슬라이드 3에서 5개의 목록에 대해 닦아내기 애니메이션을 적용하시오.

01 슬라이드 2의 3D 모델을 선택합니다.

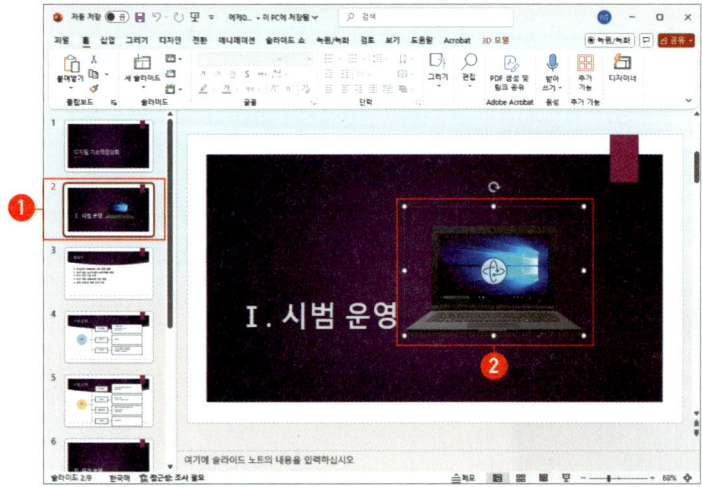

02 [애니메이션] 탭 - [애니메이션] 그룹에서 [도착] 애니메이션을 클릭합니다.

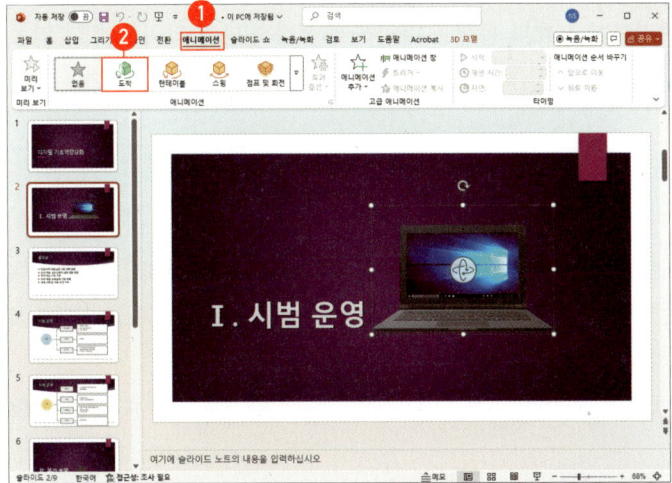

03 슬라이드 3의 5개 목록을 드래그하여 선택하고 [애니메이션] 탭 - [애니메이션] 그룹에서 ⯆를 클릭합니다.

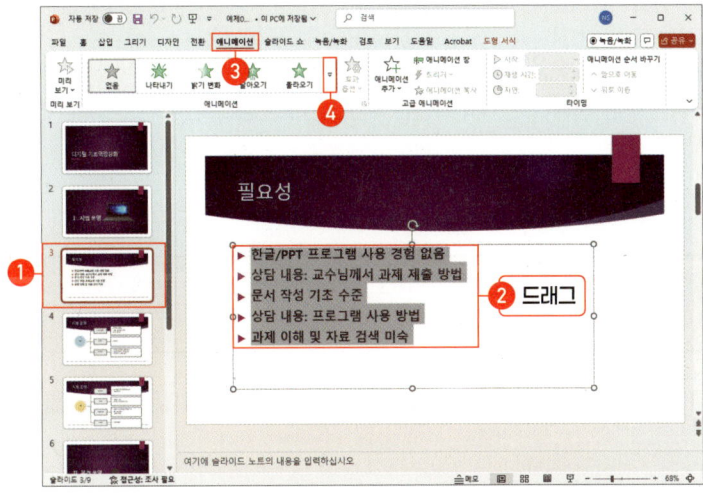

04 [나타내기]의 [닦아내기] 애니메이션을 클릭합니다.

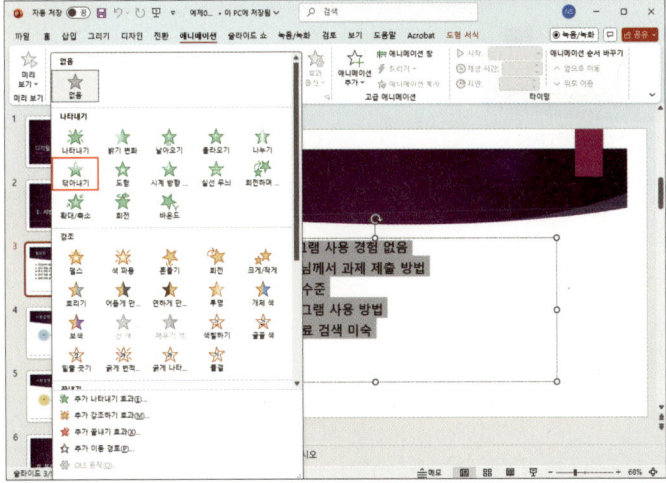

2. 애니메이션 효과 및 타이밍 옵션

기존 애니메이션을 다른 애니메이션으로 변경하거나 효과 옵션을 다양하게 설정하면, 슬라이드에 더 역동적이고 맞춤형 애니메이션을 적용할 수 있습니다. 또한, 하나의 개체에 여러 애니메이션 효과를 적용하여 복합적인 움직임을 만들 수도 있습니다.

1 애니메이션 변경 및 효과 옵션 설정

① 애니메이션 변경 : 개체에 이미 설정된 애니메이션을 클릭한 후 [애니메이션] 탭에서 원하는 다른 애니메이션 효과를 선택하여 기존 애니메이션을 다른 애니메이션으로 변경할 수 있습니다. 애니메이션을 변경하면 자동으로 새 애니메이션이 적용됩니다.

② 효과 옵션 지정 : 선택한 애니메이션에서 [효과 옵션]을 클릭하면 같은 애니메이션이라도 방향, 속도, 시작 위치 등 다양한 세부 설정을 조정할 수 있습니다.

③ 하나의 개체에 여러 애니메이션 추가 : [애니메이션 추가]를 클릭하면 개체에 다수의 애니메이션 효과를 적용할 수 있습니다.

2 애니메이션 순서 및 타이밍 설정

애니메이션 창을 열어 각 애니메이션의 순서와 타이밍을 조정할 수 있습니다. 애니메이션 창에서는 각 애니메이션의 시작 조건(클릭할 때, 이전 애니메이션과 함께, 이전 애니메이션 후)을 설정하고, 지속 시간과 지연 시간을 조정하여 원하는 타이밍에 애니메이션이 시작되도록 설정할 수 있습니다.

> **예제 02** ★★★
> 슬라이드 3 목록의 애니메이션을 왼쪽에서 효과 옵션을 설정하고, 애니메이션 재생 시간을 0.2초로 설정하시오.

01 슬라이드 3의 목록을 드래그하여 선택하고 [애니메이션] 탭 - [애니메이션] 그룹 - [효과 옵션]의 [왼쪽에서]를 클릭합니다.

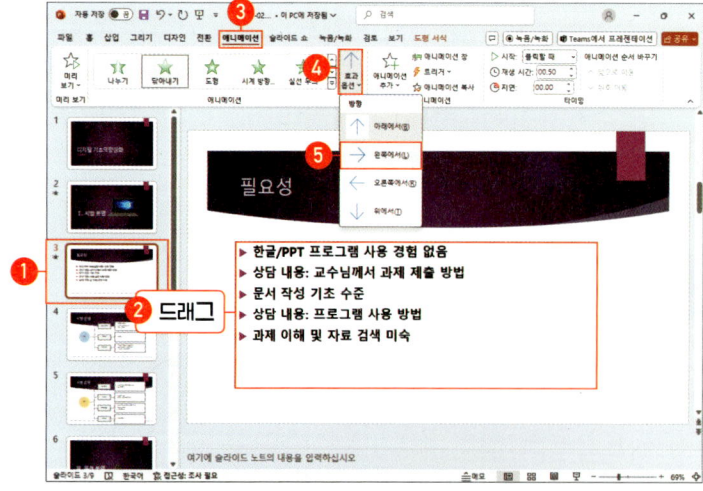

02 [애니메이션] 탭 - [타이밍] 그룹 - [재생 시간]에 '0.2'를 입력한 후 Enter 키를 누릅니다.

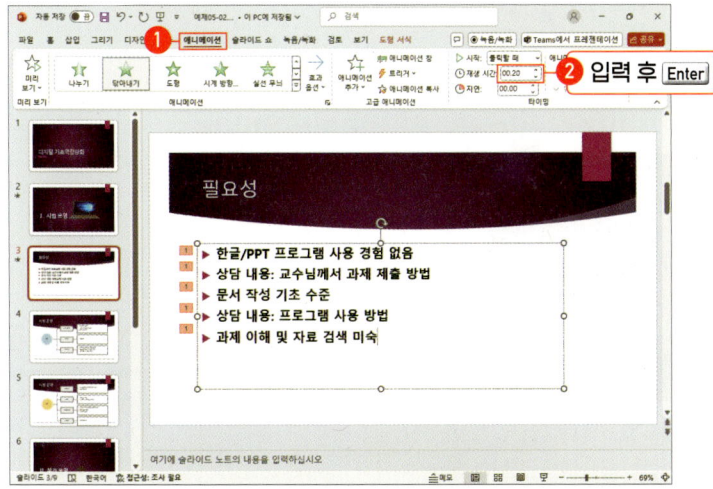

3. 애니메이션 경로 구성

슬라이드에서 개체가 이동할 때 특정 경로를 설정하여 경로대로 이동하게 해주는 기능입니다. 이를 통해 단순히 나타나거나 사라지는 애니메이션 대신 개체가 직선, 곡선, 원형 등 다양한 경로를 따라 이동하도록 만들 수 있어 보다 역동적이고 흥미로운 프레젠테이션을 구현할 수 있습니다.

> **예제 03** ★★★ 슬라이드 6의 원형 도형에 누운 8자 이동 경로 애니메이션을 적용하시오.

01 슬라이드 6의 원형 도형을 클릭합니다.

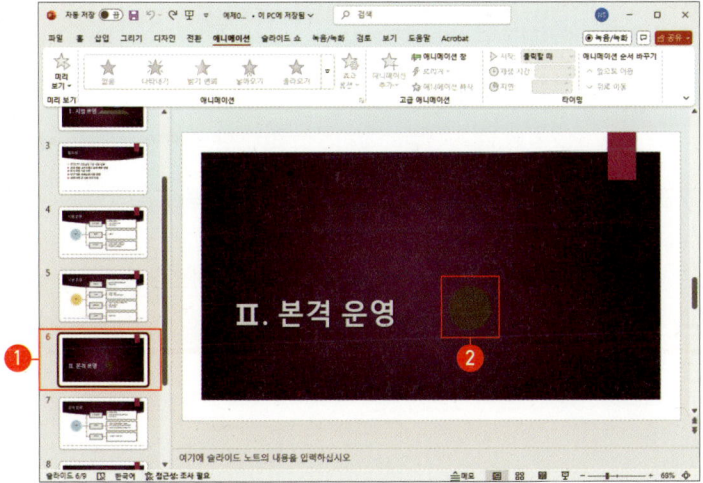

02 [애니메이션] 탭 - [애니메이션] 그룹의 ▼를 클릭합니다.

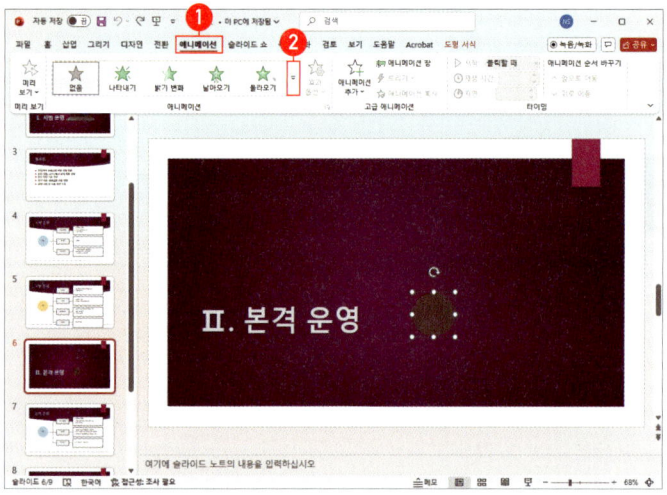

03 [이동 경로]의 [반복] 애니메이션을 클릭합니다.

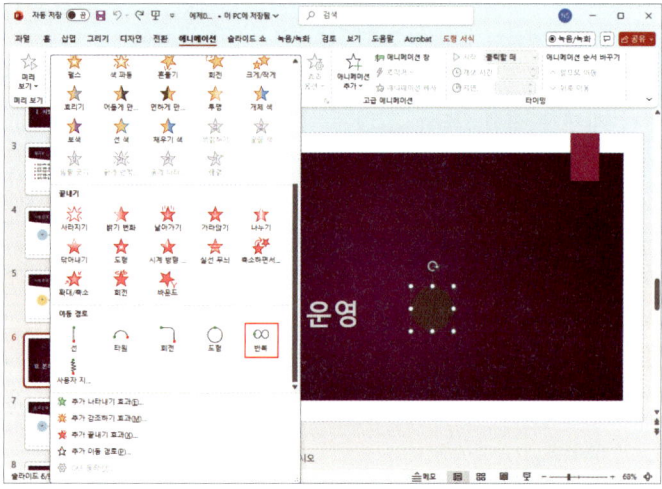

+ PLUS +

1. 애니메이션 순서 변경

여러 애니메이션 효과가 적용된 경우 [애니메이션 창]을 이용해 각 효과의 실행 순서를 자유롭게 조정할 수 있습니다.

2. 애니메이션 제거

슬라이드에서 불필요한 애니메이션은 개체를 선택한 후 [애니메이션] 탭 - [고급 애니메이션] 그룹 - [애니메이션 창]을 클릭한 후 [제거]를 선택합니다. 전체 효과를 모두 삭제하거나 일부만 선택적으로 제거할 수 있습니다.

04 [애니메이션] 탭 - [애니메이션] 그룹 - [효과 옵션]의 [누운 8자]를 클릭합니다.

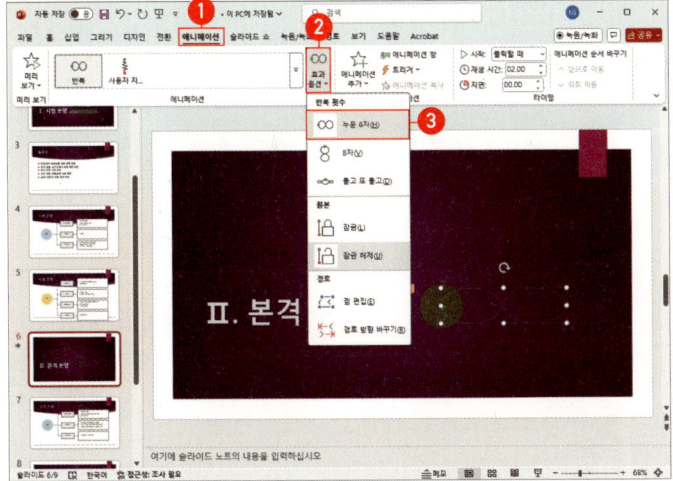

05 누운 8자 애니메이션이 적용됩니다.

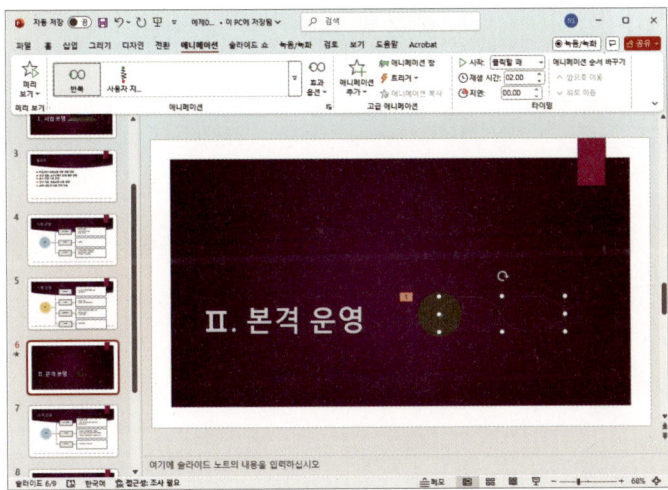

연습문제-05-02

준비 파일 : 연습05-02.pptx

01 마지막 슬라이드의 원형 도형에 8자 이동 경로 애니메이션을 적용하고, 애니메이션 재생 시간을 3초로 설정하시오.
02 슬라이드 5의 3개의 목록에 대해 나누기 애니메이션을 적용하고, 세로 바깥쪽으로 애니메이션 효과 옵션을 설정하시오.

PART 02

실전 문제

POWER POINT

CHAPTER 01

실전 모의고사

1회 실전 모의고사
2회 실전 모의고사

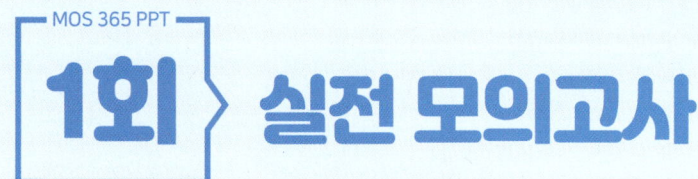

1회 실전 모의고사

프로젝트 01. 신입 교육 | 예제 파일 : 1-프로젝트 01.pptx | 완성 파일 : 1-프로젝트 01(완성).pptx

당신은 신입 사원 교육에 사용할 매뉴얼 프레젠테이션을 작성하고 있습니다.

작업1 슬라이드 마스터에서 테마를 갤러리로 변경하시오.

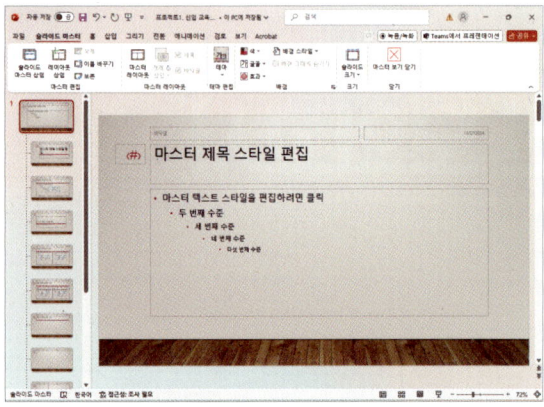

작업2 슬라이드 6의 글머리 기호 목록이 두 단으로 표시되도록 서식을 지정하시오.

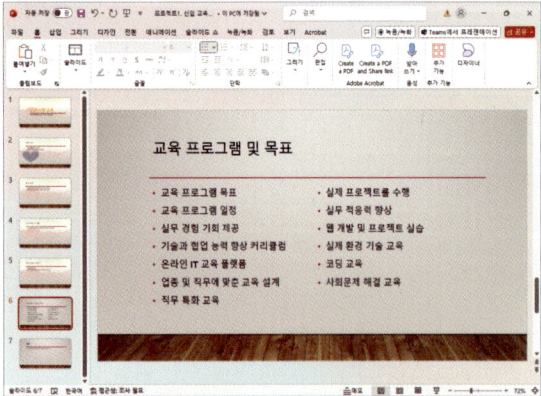

작업3 모든 슬라이드 화면이 자동으로 3초 후에 전환되도록 설정하시오.

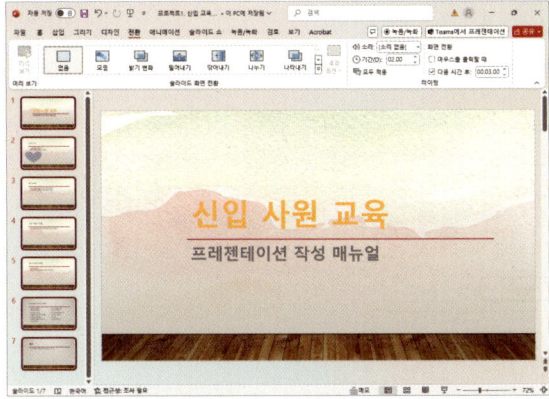

작업4 슬라이드 2에서 하트 도형을 타원 도형으로 변경하시오.

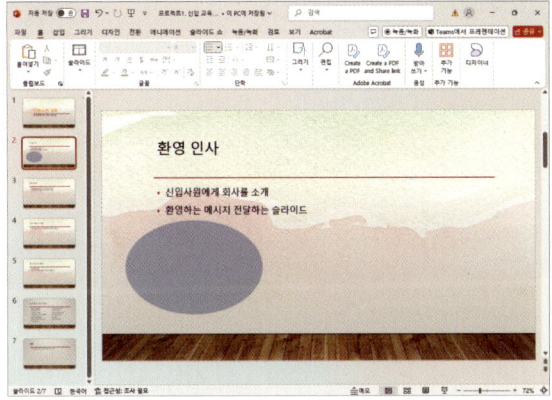

작업5 페이지당 슬라이드 2개가 포함된 회색조의 프레젠테이션 유인물을 5매 인쇄하도록 설정하시오.

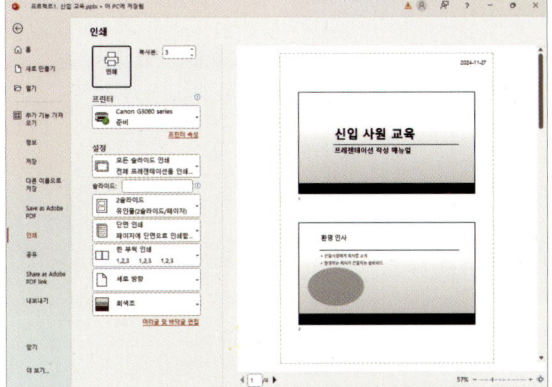

작업6 슬라이드 1~3만 포함한 "회사 소개"라는 슬라이드 쇼를 재구성하시오.

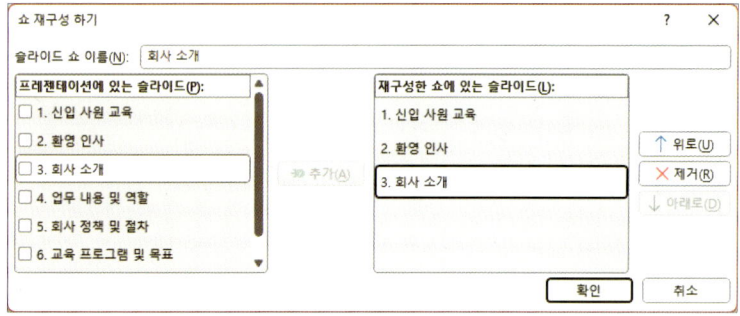

프로젝트 02. 학교 소개

| 예제 파일 : 1-프로젝트 02.pptx | 완성 파일 : 1-프로젝트 02(완성).pptx

사이버대학의 신입생을 모집하는 입학 안내 프레젠테이션을 작성하는 중입니다.

작업1 슬라이드 2의 회색조 보기에서 편지 아이콘의 회색조 설정을 회색조 반전으로 변경하시오.

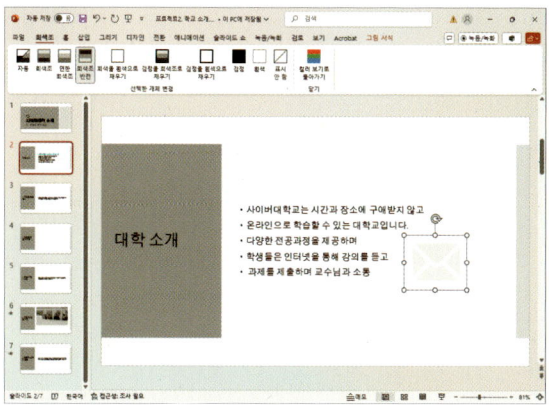

작업2 슬라이드의 크기를 너비 "19.028 cm", 높이 "33.867 cm"로 변경하시오. 내용의 배율을 조정하여 맞춤 확인하시오.

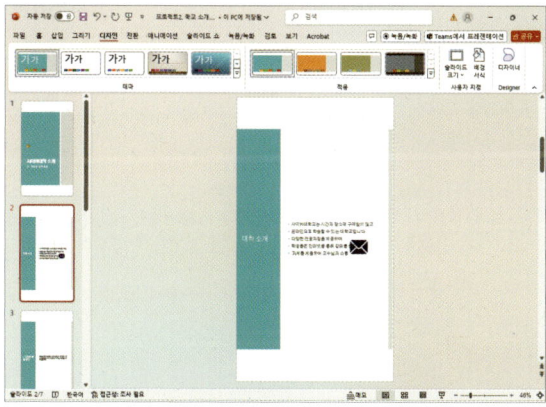

작업3 슬라이드 4의 내용 개체 틀에 위에서 아래로 "빅데이터", "AI", "휴먼"을 포함하는 세로 상자 목록형 SmartArt 그래픽을 삽입하시오.

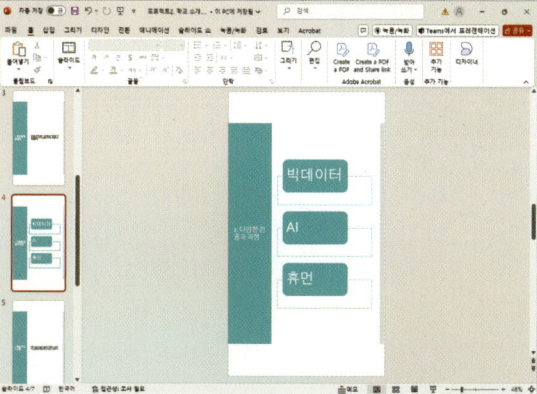

작업4 슬라이드 6에서 "00:02"에 시작하여 "00:05"에 종료하도록 비디오를 트리밍하시오.

작업5 슬라이드 1에서 원 도형이 오른쪽으로 이동하는 경로 애니메이션을 지정하시오.

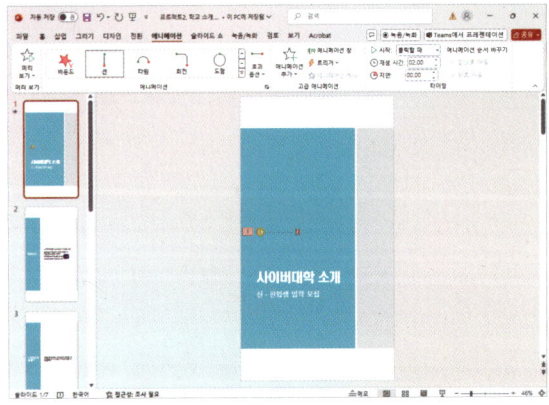

작업6 슬라이드 5, 6, 7에 시계 화면 전환 효과를 적용하시오.

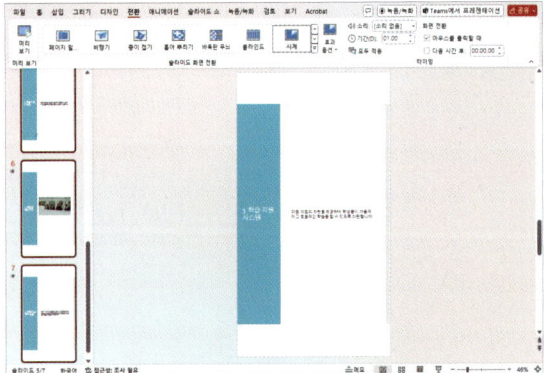

프로젝트 03. 빅데이터 동아리

| 예제 파일 : 1-프로젝트 03.pptx | 완성 파일 : 1-프로젝트 03(완성).pptx

빅데이터 동아리 회원을 모집하는 안내 프레젠테이션을 작성하고 있습니다.

작업1 "동아리 소개" 슬라이드에서 금속 타원 그림 스타일과 플라스틱 워프 꾸밈 효과를 이미지에 적용하시오.

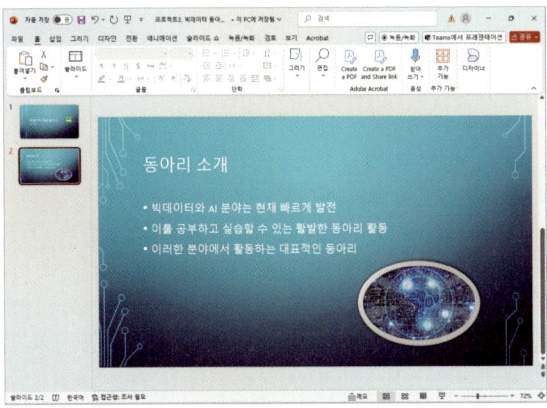

작업2 "빅데이터 학습 동아리" 슬라이드에서 노트북 아이콘에 8자 이동 경로 애니메이션을 지정하시오.

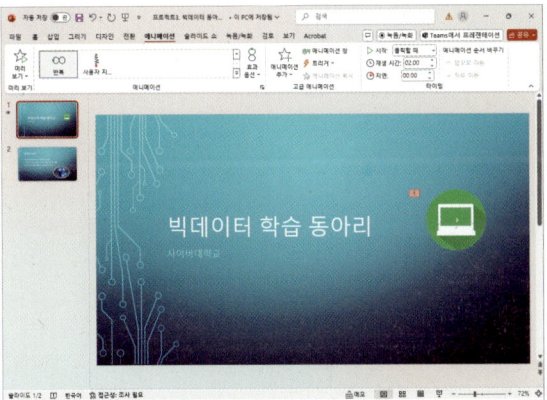

작업3 프레젠테이션의 끝에 문서 폴더의 "동아리.pptx" 프레젠테이션의 슬라이드를 삽입하시오. 슬라이드 삽입 후 슬라이드 3은 "AI 동아리", 슬라이드 4는 "머신 러닝 동아리", 슬라이드 5는 "빅데이터 동아리"여야 합니다.

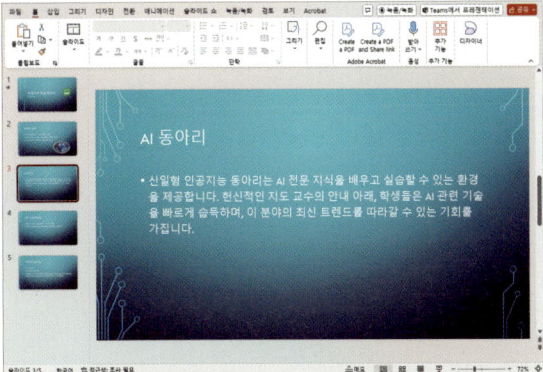

실전 모의고사 **131**

작업4 슬라이드 마스터에서 "빈 화면" 레이아웃을 기준으로 새 슬라이드 레이아웃을 만드시오. 새 슬라이드 레이아웃의 이름을 "차트 설명 텍스트"로 지정하시오. 왼쪽에 차트 개체 틀을, 오른쪽에 텍스트 개체 틀을 삽입하시오. 개체 틀의 정확한 크기와 위치는 중요하지 않습니다.

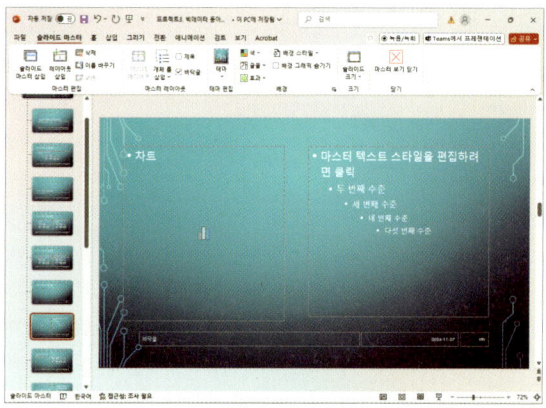

작업5 모든 슬라이드의 슬라이드 노트를 2매 인쇄하도록 옵션을 설정하시오. 1페이지의 모든 복사본은 2페이지의 복사본보다 먼저 인쇄되도록 하시오.

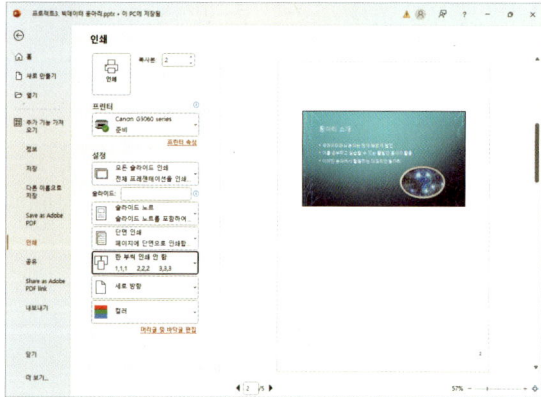

프로젝트 04. 학습법 공모전

예제 파일 : 1-프로젝트 04.pptx | 완성 파일 : 1-프로젝트 04(완성).pptx

학습법 공모전 개최와 관련한 홍보용 프레젠테이션을 공동작업하는 중입니다.

작업1 슬라이드 7에서 비디오를 중단하기 전까지 연속적으로 반복 재생되도록 설정하시오.

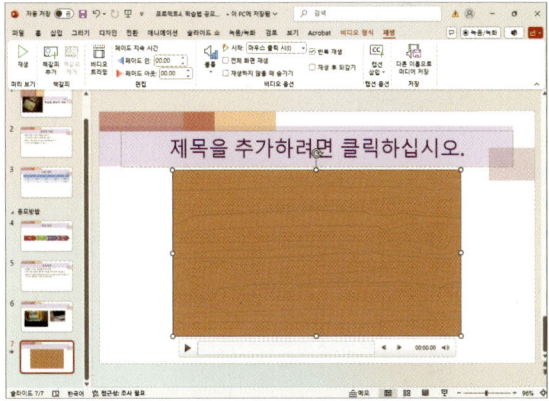

작업2 슬라이드 2에만 "개요" 텍스트가 표시된 바닥글 슬라이드를 삽입하시오.

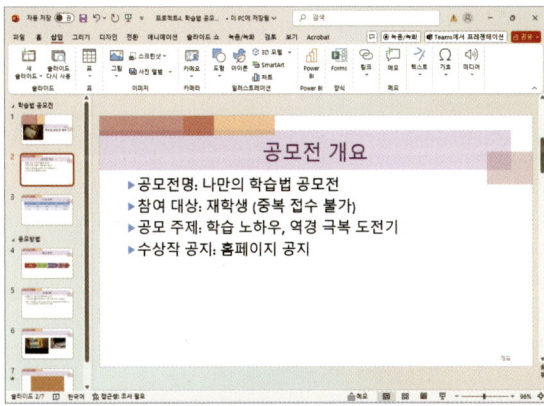

작업3 모든 슬라이드에 전환 효과 옵션을 블라인드로 설정하시오.

작업4 슬라이드 6에서 교재 이미지의 하단을 자르기 하여 검은색 영역을 제거하시오. 잘린 이미지의 상단 및 하단이 노트북 이미지의 상단 및 하단과 맞춰져야 합니다. 이미지 너비가 바뀌지 않도록 유의하시오.(참고 : 잘려진 영역을 프레젠테이션에서 영구적으로 제거하지 마시오.)

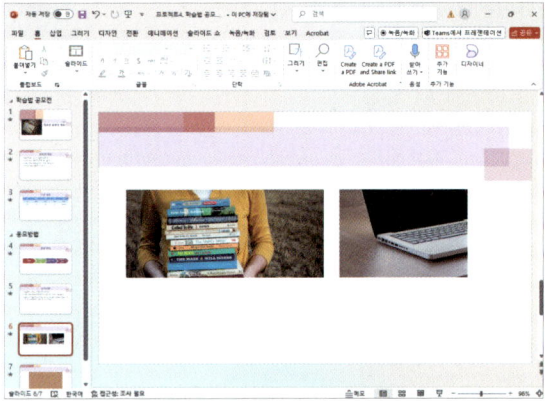

작업5 슬라이드 4의 SmartArt 그래픽에서 "양식 작성" 도형 바로 뒤에 도형을 추가하시오. 새 도형에 "서류 제출" 텍스트를 삽입하시오. SmartArt 그래픽의 기존 도형은 변경하지 마시오.

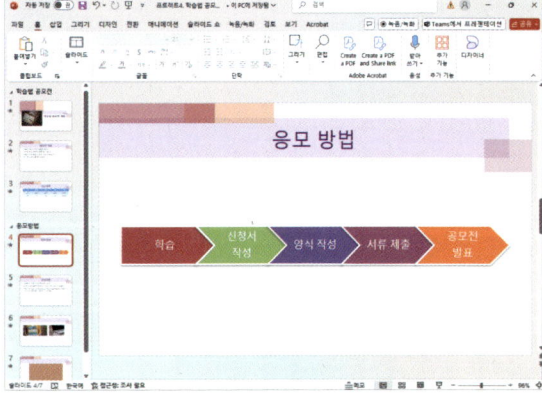

작업6 프레젠테이션의 슬라이드 크기를 화면 슬라이드 쇼(4:3)으로 변경하시오. 내용의 배율을 조정하여 맞춤 확인하시오.

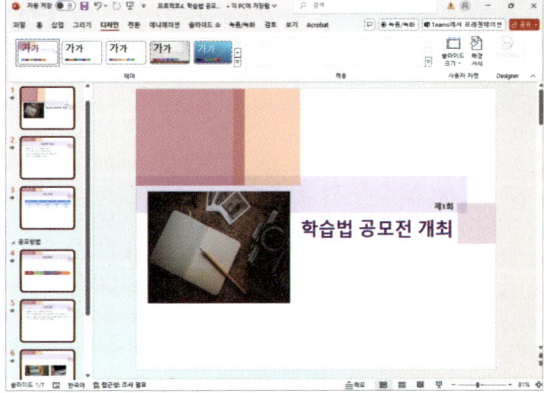

작업7 "학습법 공모전" 구역의 이름을 "개요"로 바꾸시오.

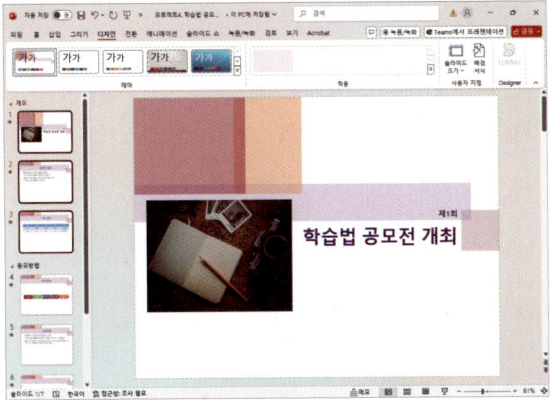

| 프로젝트 05. 교안 구매 | 예제 파일 : 1-프로젝트 05.pptx | 완성 파일 : 1-프로젝트 05(완성).pptx

교수학습지원팀에서 교안 구매와 관련한 안내용 자료를 작업하고 있습니다.

작업1 슬라이드 6에서 내용 영역에 있는 텍스트 상자를 슬라이드 중간에 세로로 맞추시오.

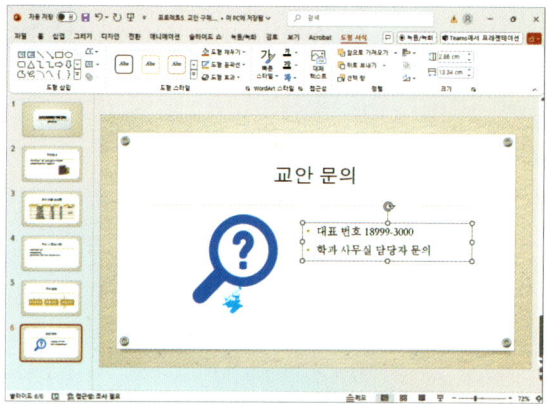

작업2 슬라이드 2에서 가장 큰 책 이미지를 다른 책 이미지 뒤로 보내시오.

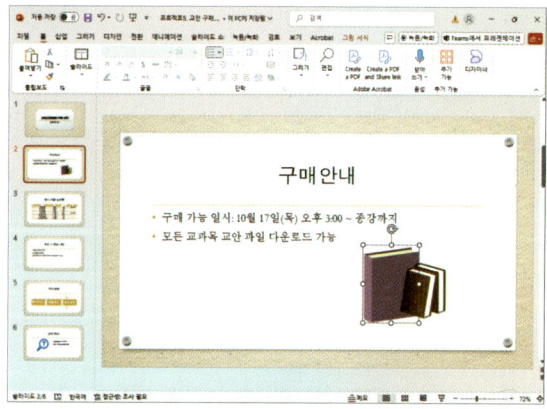

작업3 슬라이드 5에서 제목 "구매 방법"의 글꼴 색을 "황금색, 강조 1"로 변경한 후 문자 간격을 "넓게", "1.5 pt"로 변경하시오.

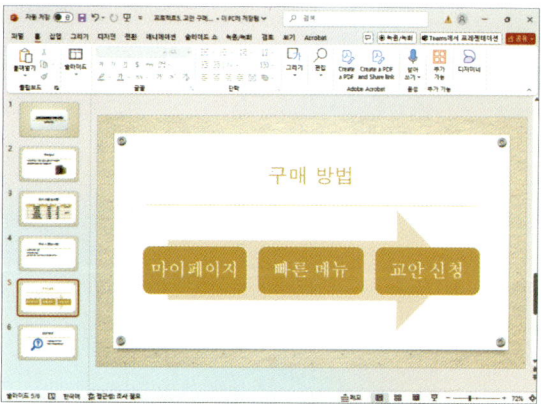

작업4 슬라이드 6에서 물음표 아이콘의 대체 텍스트를 장식으로 표시하여 화면 읽기 프로그램이 무시하도록 설정하시오.

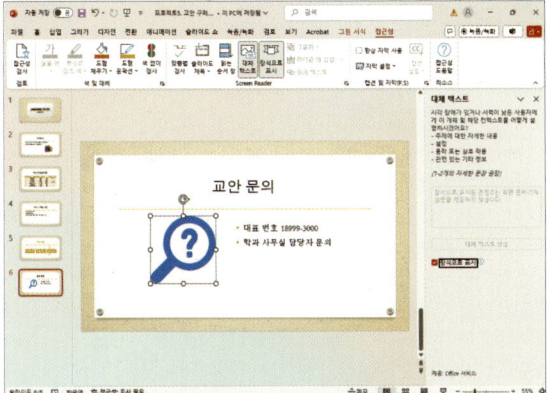

작업5 슬라이드 3에 "과목명 추가" 메모를 삽입하시오. 슬라이드에서 메모의 정확한 위치는 중요하지 않습니다.

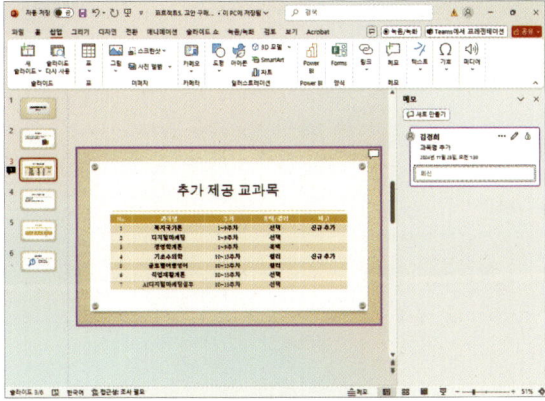

작업6 유인물 마스터에서 "안내"가 표시되도록 왼쪽 바닥글을 변경하시오.

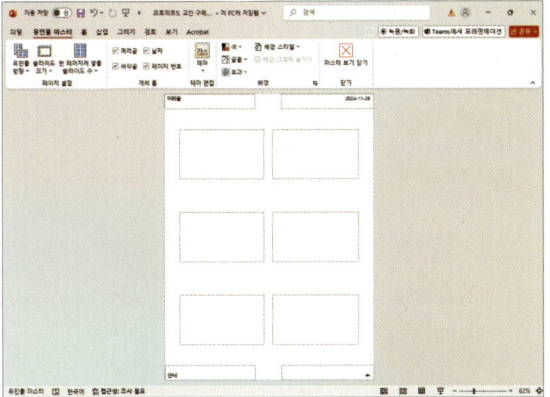

프로젝트 06. 반려동물

| 예제 파일 : 1-프로젝트 06.pptx | 완성 파일 : 1-프로젝트 06(완성).pptx

프리미엄 펫의 반려동물을 소개하는 발표용 문서를 작성하고 있습니다.

작업1 슬라이드 2의 3D 모델에 도착 애니메이션 효과를 적용하시오.

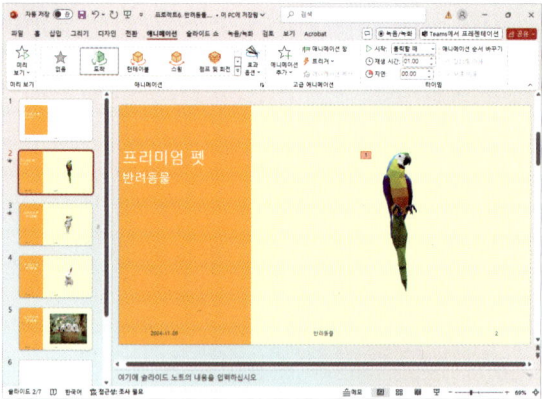

작업2 슬라이드 5의 배경색을 "흰색, 배경 1"로 변경하시오.

작업3 프레젠테이션에서 숨겨진 문서 속성과 개인 정보를 제거하시오. 다른 내용은 제거하지 마시오.

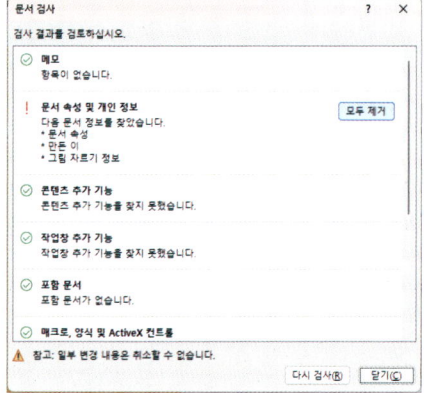

| 작업4 | 슬라이드 6에 동영상 폴더의 "반려동물.mp4" 비디오를 삽입하시오. 비디오의 정확한 크기와 위치는 중요하지 않습니다. |

| 작업5 | 슬라이드 1에서 슬라이드 확대/축소 링크를 슬라이드 7, "반려 동물"에 삽입하시오. 슬라이드 확대/축소 미리보기를 제목 도형 오른쪽으로 위치를 변경하시오. 미리보기의 정확한 위치와 크기는 중요하지 않습니다. |

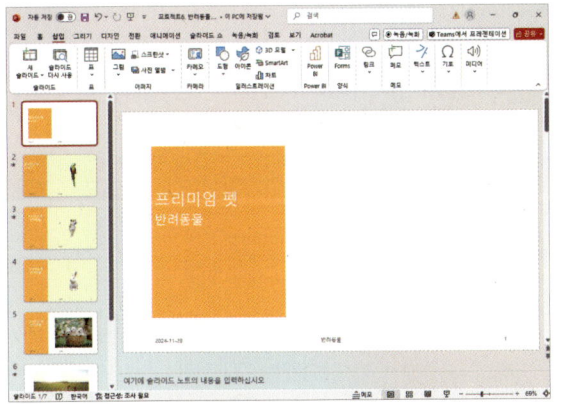 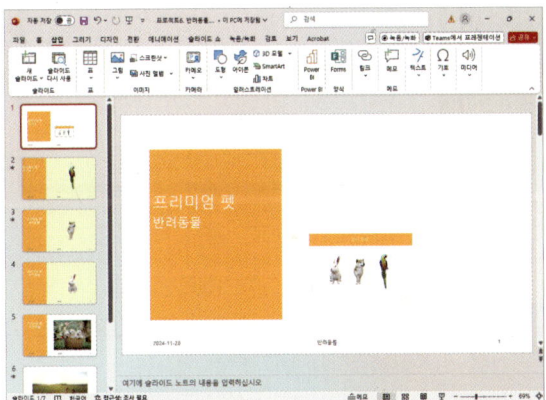

프로젝트 01. 코칭상담사

| 예제 파일 : 2-프로젝트 01.pptx | 완성 파일 : 2-프로젝트 01(완성).pptx

자격관리센터에서 코칭상담사 자격증을 소개하는 안내용 프레젠테이션을 작성중입니다.

작업1 슬라이드 마스터에서 슬라이드의 날짜 개체 틀을 추가하시오.

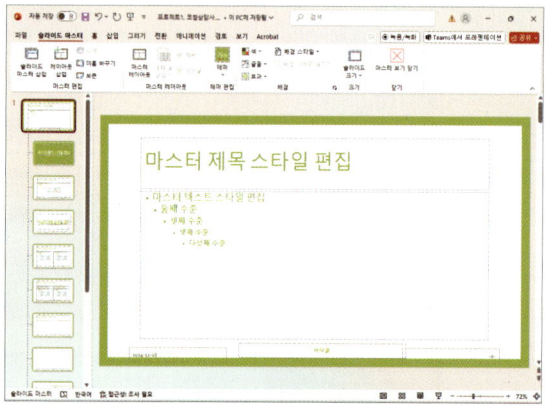

작업2 슬라이드 1에서 "코칭상담사" 제목 텍스트 상자의 채우기 색을 "바다색, 강조 4"로 하고 도형 윤곽선 색을 "흰색, 배경 1"로 변경하시오.

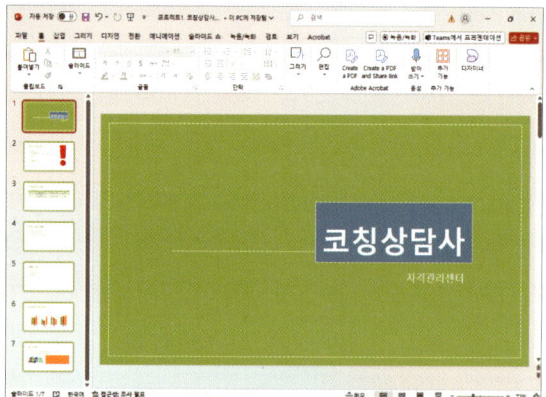

작업3 슬라이드 4의 목록을 세로 곡선 목록형 SmartArt 그래픽으로 변환하시오.

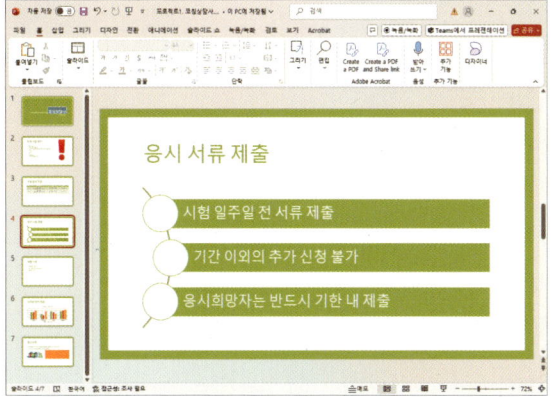

작업4 슬라이드 2의 3D 모델 보기를 위쪽 뒤 왼쪽으로 변경하시오. 그런 다음 모델의 높이를 "9.77 cm"로 크기를 조정하시오.

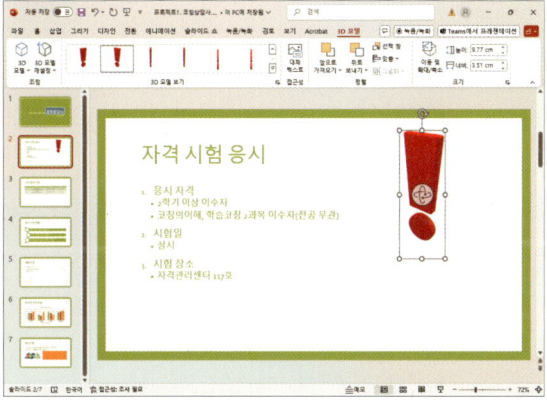

작업5 모든 슬라이드에 깜빡이기 화면 전환을 적용하시오.

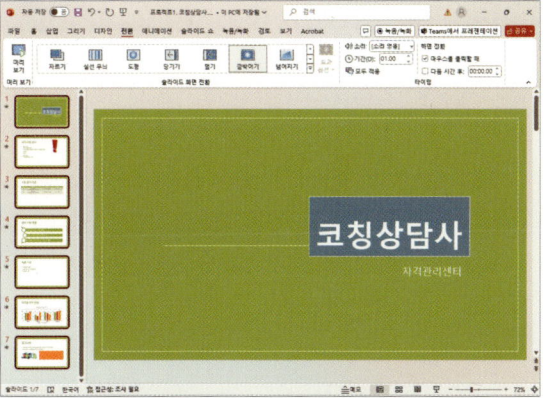

작업6 슬라이드 5에서 3개의 목록에 나누기 애니메이션 및 가로 안쪽으로 효과 옵션을 적용하시오. 마우스를 한 번씩 클릭할 때마다 차례로 하나의 목록이 나타나도록 애니메이션을 설정하시오.

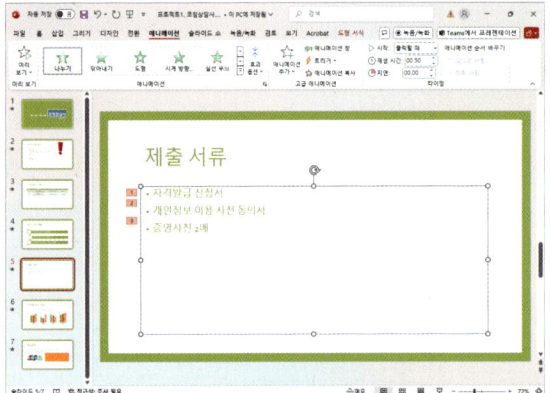

프로젝트 02. 포럼

예제 파일 : 2-프로젝트 02.pptx | 완성 파일 : 2-프로젝트 02(완성).pptx

한미 미래차 포럼에 사용할 프레젠테이션을 공동으로 작업하는 중입니다.

작업1 슬라이드 마스터에서 테마를 천체로 변경하시오.

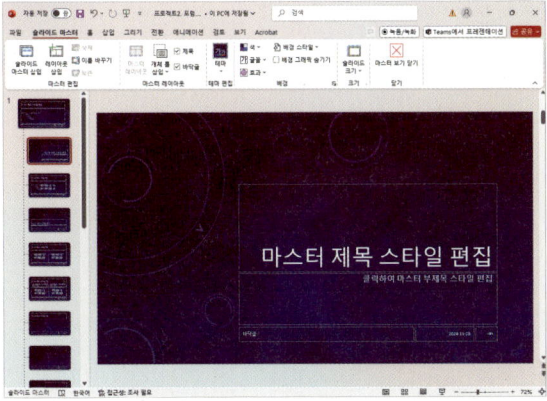

작업2 페이지당 슬라이드 3개가 포함된 유인물을 5매 인쇄하도록 인쇄 옵션을 지정하시오.

작업3 모든 슬라이드가 자동으로 3초 후에 화면 진환이 되도록 밝기 변화 화면 전환 효과를 구성하시오.

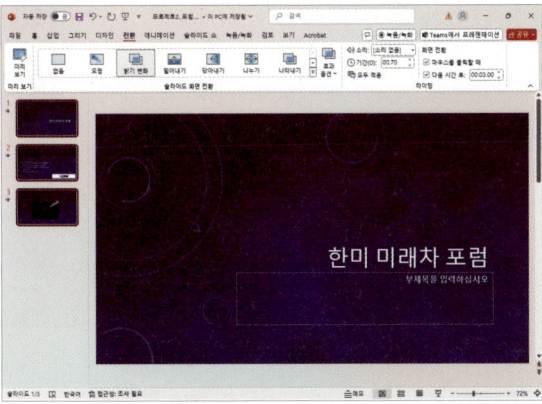

작업4 슬라이드 3에서 자동차 이미지에 대체 텍스트를 장식으로 표시하여 화면 읽기 프로그램이 무시하도록 설정하시오.

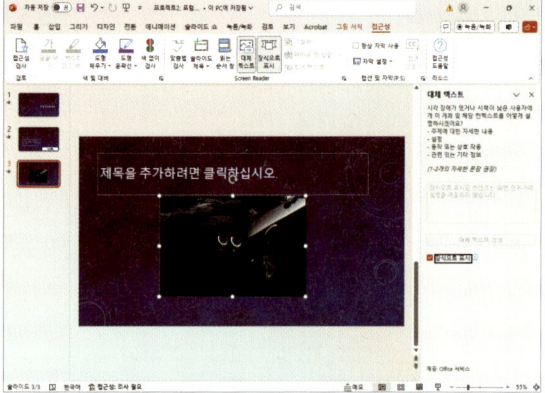

작업5 프레젠테이션을 항상 읽기 전용으로 열기를 설정하시오.

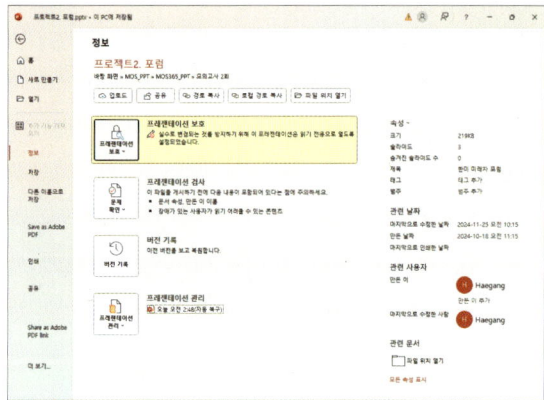

프로젝트 03. 커피 전문점

| 예제 파일 : 2-프로젝트 03.pptx | 완성 파일 : 2-프로젝트 03(완성).pptx

SUNRIVER 커피전문점을 소개하는 사업계획서를 작성하고 있습니다.

작업1 "디저트 스토리" 슬라이드에서 하트 도형 5개가 슬라이드 오른쪽 위에서 시작하는 애니메이션으로 수정하시오. 애니메이션 재생 시간은 1.5초로 설정하시오.

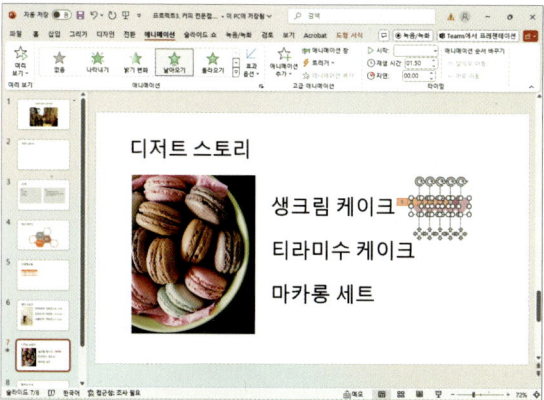

작업2 "원두 스토리" 슬라이드에서 반사형 모서리가 둥근 직사각형 그림 스타일과 표식 꾸밈 효과를 이미지에 적용하시오.

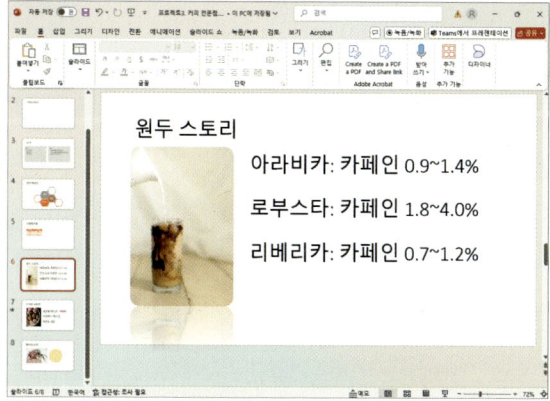

작업3 "시장점유율" 슬라이드의 내용 개체 틀에 표 내용이 표시된 원형 차트를 삽입하시오. "전문점" 열을 항목으로 하고 "점유율" 열을 데이터 계열로 만드시오. 표 데이터를 수동으로 입력하거나 복사하여 붙여 넣을 수 있습니다.

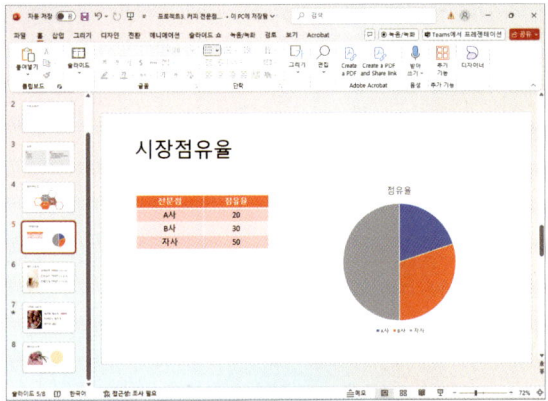

작업4 "멤버십 소개" 슬라이드의 원형 도형에 "기프트 카드" 텍스트를 입력하시오.

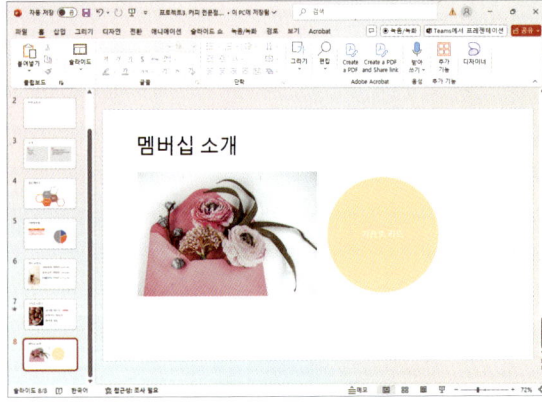

작업5 "시장점유율" 슬라이드 다음에 "원두 스토리", "디저트 스토리", "멤버십 소개"에만 연결되는 요약 확대/축소 슬라이드를 삽입하시오. 슬라이드에 링크를 포함하지 마시오.

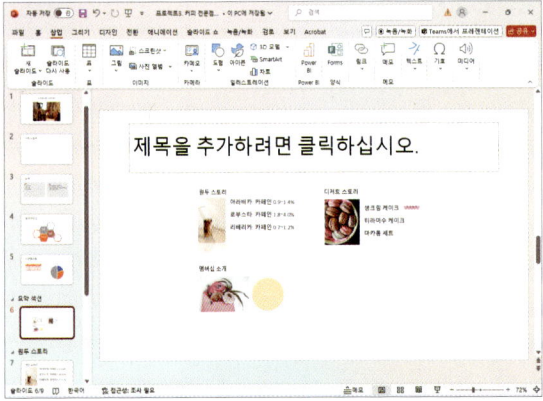

프로젝트 04. 신입생 모집

예제 파일 : 2-프로젝트 04.pptx | 완성·파일 : 2-프로젝트 04(완성).pptx

대학에서 신편입생을 모집하는 안내용 프레젠테이션을 작성중입니다.

작업1 "추가 모집 학과" 슬라이드의 내용 개체 틀에 3열, 5행의 표를 삽입하시오. 머리글 첫 번째 열에 "학과", 두 번째 열에 "추가", 세 번째 열에 "인원수"를 입력하시오.

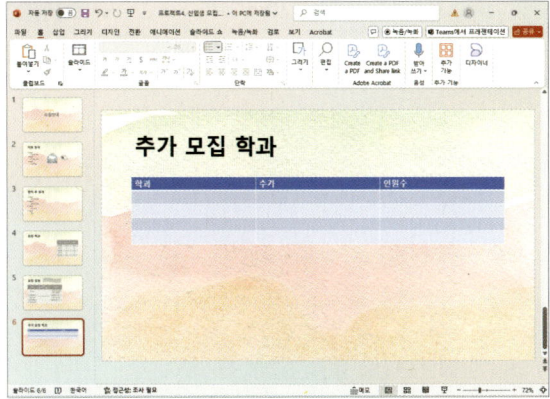

작업2 "모집 학과" 슬라이드 다음에 문서 폴더의 "일반전형.docx" 문서의 개요를 슬라이드로 추가하시오.

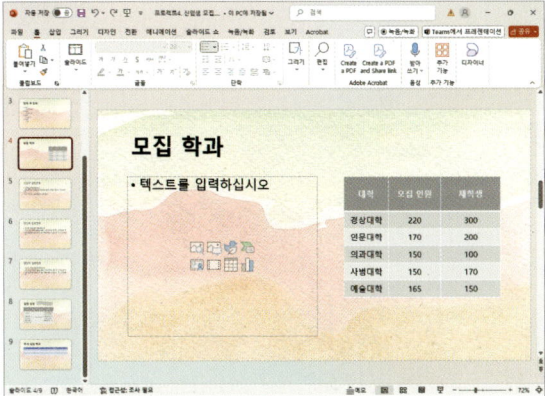

작업3 "모집 학과" 슬라이드에 표 내용이 표시된 묶은 세로 막대형 차트를 삽입하시오. "대학"을 항목으로 하고 "모집 인원", "재학생"을 데이터 계열로 적용하시오. 차트 워크시트에 표 데이터를 복사하여 붙여 넣거나 수동으로 입력할 수 있습니다.

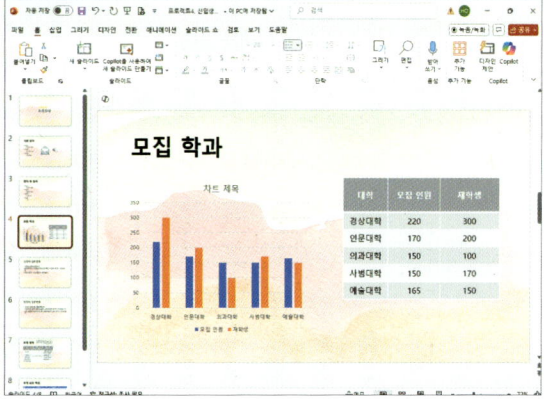

작업4 "모집 일정" 슬라이드에서 "반투명 - 녹색, 강조 6, 윤곽선 없음" 도형 스타일을 물결 도형에 적용하시오.

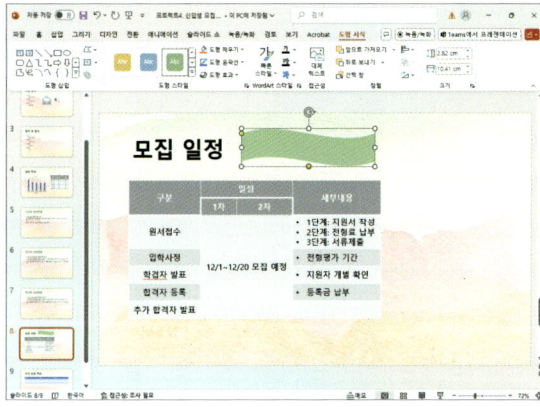

작업5 슬라이드 쇼 설정의 보기 형식을 대화형 자동 진행(전체 화면)으로 설정하시오.

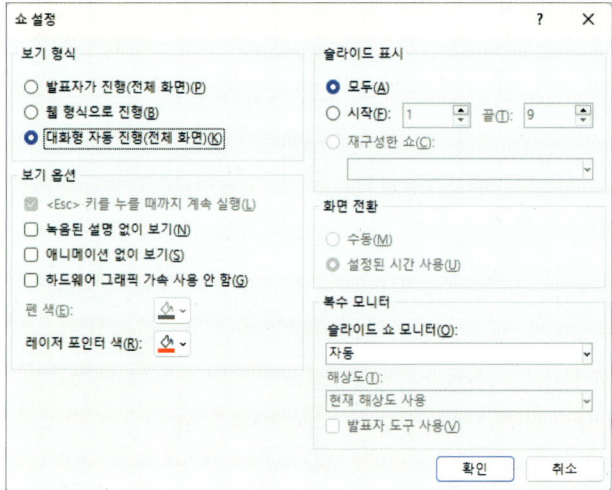

작업6   "지원 절차" 슬라이드에서 마우스 그래픽을 편지 그래픽의 너비 및 높이와 일치하도록 수정하시오.

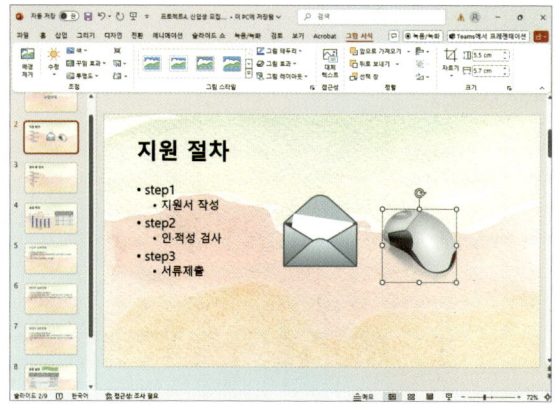

프로젝트 05. 수강생 모집 안내

| 예제 파일 : 2-프로젝트 05.pptx | 완성 파일 : 2-프로젝트 05(완성).pptx

도안스포츠센터에서 수강생을 모집하는 홍보용 안내 전단지를 작성하고 있습니다.

작업1 슬라이드 1에서 3D 모델 보기를 위쪽 앞 왼쪽으로 변경하시오.

작업2 "서론" 구역의 이름을 "인사말"로 바꾸시오.

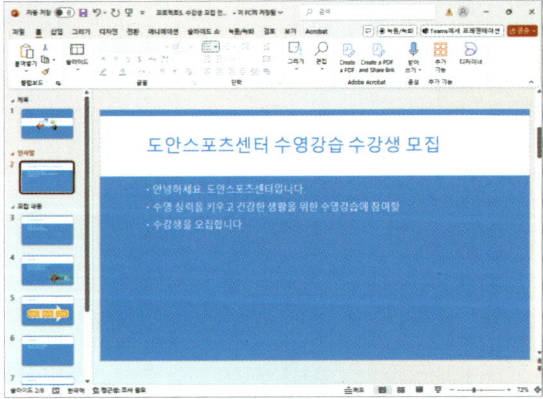

작업3 강습 추천 슬라이드에서 SmartArt 그래픽의 색을 "어두운 색 2 윤곽선"으로 변경하시오.

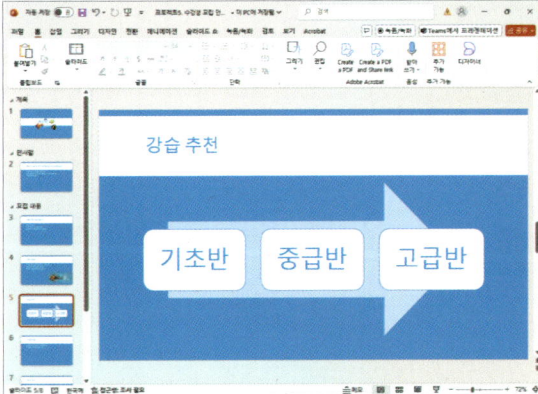

작업4 문의 슬라이드에서 화살표 도형 7개 모두를 아래쪽 맞춤으로 설정하시오. 이미지를 가로로 이동하지 마시오.

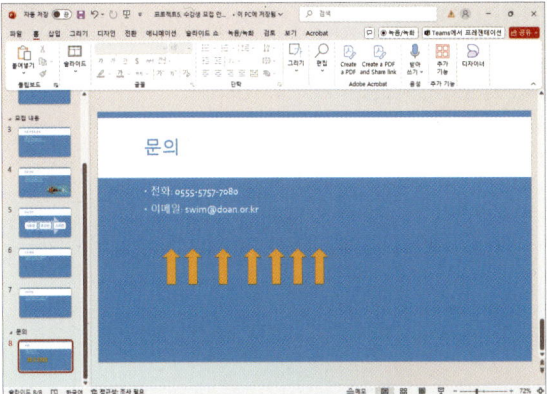

작업5 슬라이드 4에서 수영하는 사람 이미지의 오른쪽 가장자리가 슬라이드의 오른쪽 가장자리와 일치하도록 자르시오. 다른 세 개의 가장자리가 바뀌지 않도록 유지하시오. 잘려진 부분을 프레젠테이션에서 영구적으로 제거하지 마시오.

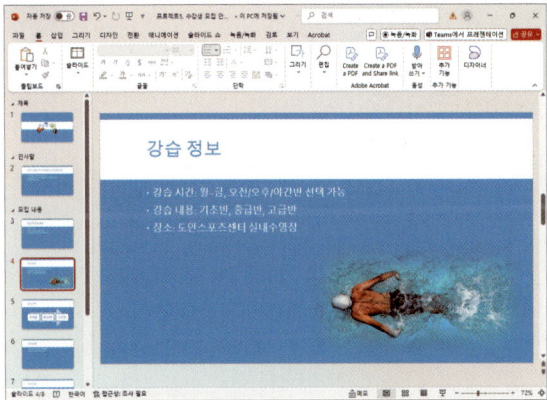

작업6 슬라이드 마스터에서 날짜 개체 틀을 제거하시오.

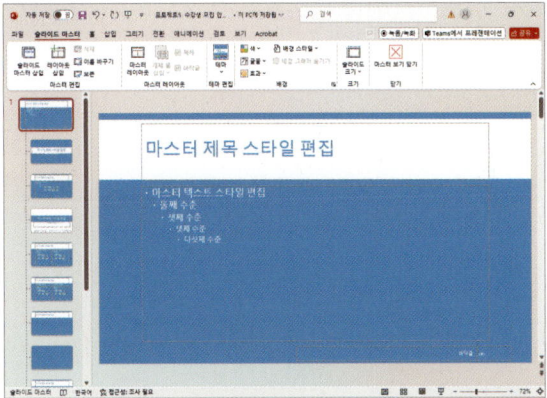

프로젝트 06. 회사소개

|예제 파일 : 2-프로젝트 06.pptx | 완성 파일 : 2-프로젝트 06(완성).pptx

커피 전문 매장을 소개하는 프레젠테이션 문서를 작성하고 있습니다.

작업1 프레젠테이션에서 숨겨진 문서 속성과 개인 정보를 제거하시오. 다른 내용은 제거하지 마시오.

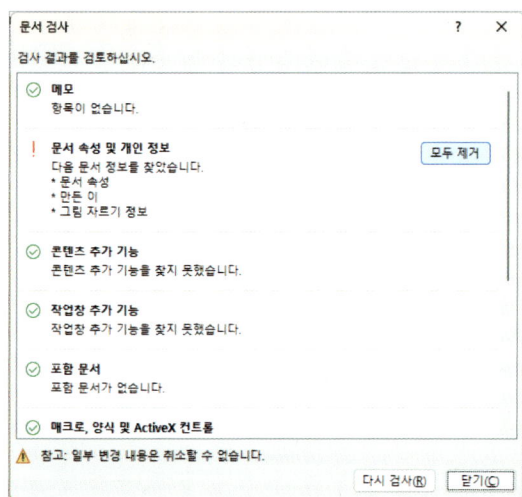

작업2 슬라이드 4만 슬라이드 배경색을 녹색, 강조 6으로 변경하시오.

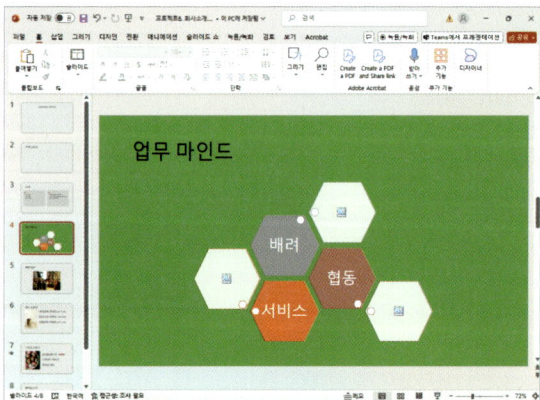

작업3 슬라이드 1에서 슬라이드 확대/축소 링크를 슬라이드 5, "매장 내부"에 삽입하시오. 슬라이드 확대/축소 미리보기를 제목 아래로 위치하시오. 미리보기의 정확한 위치와 크기는 중요하지 않습니다.

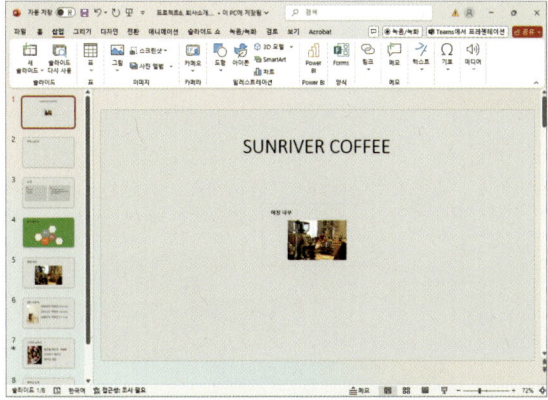

작업4 슬라이드 2에 동영상 폴더의 "커피.mp4" 비디오를 삽입하시오. 비디오의 정확한 크기와 위치는 중요하지 않습니다.

작업5 슬라이드 5에 "사진 변경"이라는 메모를 삽입하시오. 슬라이드에서 메모의 정확한 위치는 중요하지 않습니다.

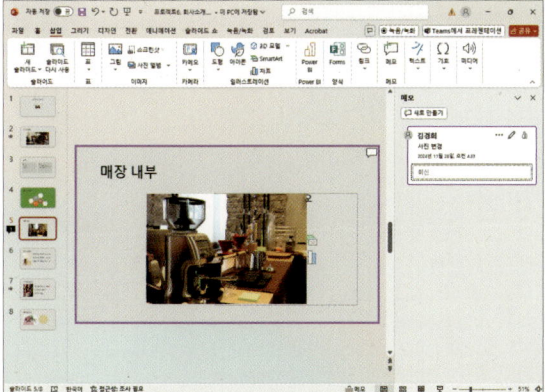

PART 03

문제 해설

POWER POINT

CHAPTER 01

연습문제 및 실전 모의고사 해설

연습문제 해설
실전 모의고사 해설

CHAPTER 01 연습문제 해설

연습-01-01
완성 파일 : 연습01-01(완성).pptx

01 슬라이드 마스터에서 테마를 "자연주의"로 변경하시오.

❶ [보기] 탭- [마스터 보기] 그룹 - [슬라이드 마스터]를 클릭합니다.
❷ [슬라이드 마스터] 탭 - [테마 편집] 그룹 - [테마]를 클릭합니다.
❸ [자연주의] 테마를 클릭합니다.
❹ [슬라이드 마스터] 탭 - [닫기] 그룹 - [마스터 보기 닫기]를 클릭합니다.

02 슬라이드 마스터의 "제목 및 내용" 슬라이드 레이아웃에서 배경 그래픽을 숨기시오.

❶ [보기] 탭 - [마스터 보기] 그룹의 [슬라이드 마스터]를 클릭합니다.
❷ '제목 및 내용 레이아웃: 슬라이드 3-5, 7-9에서 사용' 레이아웃을 클릭하고 [슬라이드 마스터] 탭 - [배경] 그룹의 [배경 그래픽 숨기기]에 체크합니다.
❸ [닫기] 그룹의 [마스터 보기 닫기]를 클릭합니다.

03 유인물 마스터에서 왼쪽 바닥글에 "보고서"가 표시되도록 변경하시오.

❶ [보기] 탭 - [마스터 보기] 그룹의 [유인물 마스터]를 클릭합니다.
❷ 유인물 마스터의 왼쪽 하단에 있는 바닥글 텍스트 상자에 '보고서'를 입력합니다.
❸ [유인물 마스터] 탭 - [닫기] 그룹의 [마스터 보기 닫기]를 클릭합니다.

04 슬라이드 마스터에서 "빈 화면" 레이아웃을 기준으로 "그림 설명 텍스트" 이름의 슬라이드 레이아웃을 만드시오. 그림 개체 틀을 오른쪽에 삽입하고, 텍스트 개체 틀을 왼쪽에 삽입하시오. (개체 틀의 크기와 위치는 중요하지 않습니다.)

❶ [보기] 탭 - [마스터 보기] 그룹 - [슬라이드 마스터]를 클릭합니다.
❷ '빈 화면 레이아웃: 사용하는 슬라이드 없음'을 클릭하고 [슬라이드 마스터] 탭 - [마스터 편집] 그룹 - [이름 바꾸기]를 클릭합니다.
> **참고** 마우스 오른쪽 버튼을 클릭하여 바로 가기 메뉴에서 [레이아웃 이름 바꾸기]를 클릭해도 됩니다.

❸ [레이아웃 이름 바꾸기] 대화상자에서 레이아웃 이름에 '그림 설명 텍스트'를 입력하고 [이름 바꾸기] 버튼을 클릭합니다.
❹ [슬라이드 마스터] 탭 - [마스터 레이아웃] 그룹 - [개체 틀 삽입] - [그림] 개체 틀을 클릭합니다.
❺ 슬라이드의 오른쪽에 드래그하여 그림 개체 틀을 삽입합니다.

❻ [슬라이드 마스터] 탭 - [마스터 레이아웃] 그룹의 [개체 틀 삽입] - [텍스트] 개체 틀을 클릭합니다.
❼ 슬라이드의 왼쪽에 드래그하여 텍스트 개체 틀을 삽입합니다.
❽ [슬라이드 마스터] 탭 - [닫기] 그룹의 [마스터 보기 닫기]를 클릭합니다.

연습-01-02 — 완성 파일 : 연습01-02(완성).pptx

01 프레젠테이션의 슬라이드 크기를 너비 "21.004 cm", 높이 "29.7 cm"로 변경하시오. 용지 방향은 변경하지 않고, 내용의 배율을 조정하여 맞춤을 확인하시오.

❶ [디자인] 탭 - [사용자 지정] 그룹의 [슬라이드 크기]를 클릭합니다.
❷ [사용자 지정 슬라이드 크기]를 클릭합니다.
❸ [슬라이드 크기] 대화상자에서 [슬라이드 크기]를 [사용자 지정]으로 설정하고, [너비] "21.004 cm"와 [높이] "29.7 cm"를 입력하고 [확인] 버튼을 클릭합니다.
❹ "새 슬라이드에 맞게 크기를 조정합니다. 콘텐츠를 최대 크기로 조정하거나 새 슬라이드에 맞게 크기를 줄이시겠습니까?" 대화상자에서 [맞춤 확인] 버튼을 클릭합니다.

02 슬라이드 4의 회색조 보기에서 학사모 아이콘의 회색조 설정을 회색조 반전으로 변경하시오.

❶ 슬라이드 4의 학사모 아이콘을 클릭합니다.
❷ [보기] 탭 - [컬러/회색조] 그룹의 [회색조]를 클릭합니다.
❸ [회색조] 탭 - [선택한 개체 변경] 그룹의 [회색조 반전]을 클릭합니다.
❹ [회색조] 탭 - [닫기] 그룹 - [컬러 보기로 돌아가기]를 클릭합니다.

연습-01-03 — 완성 파일 : 연습01-03(완성).pptx

01 페이지마다 슬라이드 3개가 포함된 회색조의 프레젠테이션 유인물을 2매 인쇄하도록 설정하시오.

❶ [파일] 탭 - [인쇄]를 클릭합니다
참고 단축키 Ctrl + P 를 눌러도 됩니다.
❷ [설정]의 '전체 페이지 슬라이드'의 목록 버튼을 클릭한 후 [유인물]의 [3슬라이드]를 클릭합니다.
❸ '컬러' 목록의 [회색조]를 클릭한 후 [복사본]에 '2'를 입력합니다.

02 모든 슬라이드의 슬라이드 노트를 5매 인쇄하도록 인쇄 옵션을 설정하시오. 1페이지의 모든 복사본은 2페이지의 복사본보다 먼저 인쇄되도록 설정하시오.

❶ [파일] 탭 - [인쇄]를 클릭합니다.
참고 단축키 Ctrl + P 를 눌러도 됩니다.
❷ [인쇄 모양]의 [슬라이드 노트]로 설정한 후 [복사본]에 '5'를 입력합니다.
❸ '한 부씩 인쇄' 목록의 [한 부씩 인쇄 안 함]으로 인쇄 옵션을 설정합니다.

연습-01-04
완성 파일 : 연습01-04(완성).pptx

> 01 슬라이드 3~5만 포함하는 "팀별 교육"이라는 슬라이드 쇼 재구성을 만드시오. 슬라이드 쇼를 실행할 필요는 없습니다.

❶ [슬라이드 쇼] 탭 - [슬라이드 쇼 시작] 그룹 - [슬라이드 쇼 재구성]의 [쇼 재구성]을 클릭합니다.
❷ [쇼 재구성] 대화상자에서 [새로 만들기] 버튼을 클릭합니다.
❸ [쇼 재구성 하기] 대화상자에서 슬라이드 쇼 이름에 '팀별 교육'을 입력하고, 프레젠테이션에 있는 슬라이드에서 3, 4, 5 슬라이드를 '재구성한 쇼에 있는 슬라이드'에 추가한 후 [확인] 버튼을 클릭합니다.
❹ [쇼 재구성] 대화상자에서 [닫기] 버튼을 클릭합니다.

> 02 슬라이드 쇼 보기 형식을 대화형 자동 진행(전체 화면)으로 설정하십시오.

❶ [슬라이드 쇼] 탭 - [설정] 그룹의 [슬라이드 쇼 설정]을 클릭합니다.
❷ [쇼 설정] 대화상자의 [보기 형식]에서 '대화형 자동 진행(전체 화면)'에 체크한 후 [확인] 버튼을 클릭합니다.

연습-01-05
완성 파일 : 연습01-05(완성).pptx

> 01 프레젠테이션에서 숨겨진 문서 속성과 개인 정보를 제거하시오. 다른 내용은 제거하지 마시오.

❶ [파일] 탭 - [정보] - [문제 확인] - [문서 검사]를 클릭합니다.
참고 [문서 검사 주의 사항] 대화상자에서 [예(Y)] 버튼을 클릭합니다.
❷ [문서 검사] 대화상자에서 [검사] 버튼을 클릭합니다.
❸ 문서 속성 및 개인 정보의 [모두 제거] 버튼을 클릭합니다.
❹ [문서 검사] 대화상자의 [닫기] 버튼을 클릭합니다.

> 02 슬라이드 3에 "학부에 대한 설명 추가"라는 내용으로 메모를 삽입하시오. 메모의 위치는 중요하지 않습니다.

❶ 슬라이드 3을 클릭하고 [검토] 탭 - [메모] 그룹의 [새 메모]를 클릭합니다.
❷ 삽입된 메모에 '학부에 대한 설명 추가'를 입력합니다.
❸ Ctrl + Enter 키를 눌러 메모를 게시합니다.

> 03 프레젠테이션을 항상 읽기 전용으로 열리도록 설정하시오.

❶ [파일] 탭 - [정보] - [프레젠테이션 보호]를 클릭하고 [항상 읽기 전용으로 열기]를 클릭합니다.

CHAPTER 02 연습문제 해설

연습-02-01
완성 파일 : 연습02-01(완성).pptx

01 "마인드" 슬라이드 다음에 "원두 정보", "디저트 정보", "고객 서비스"에만 연결되는 요약 확대/축소 슬라이드를 삽입하시오.

❶ 마인드 슬라이드를 클릭하고 [삽입] 탭 - [링크] 그룹 - [확대/축소]의 [요약 확대/축소]를 클릭합니다.
❷ [요약 확대/축소 삽입] 대화상자에서 '4. 원두 정보', '5. 디저트 정보', '6. 고객 서비스'에 체크한 후 [삽입] 버튼을 클릭합니다.

02 프레젠테이션의 끝에 문서 폴더에 있는 "신메뉴.pptx" 프레젠테이션의 슬라이드를 삽입하시오. 슬라이드를 삽입한 후 슬라이드 8은 "음료 신메뉴", 슬라이드 9는 "디저트 신메뉴"여야 합니다.

❶ 마지막 슬라이드를 클릭하고 [홈] 탭 - [슬라이드] 그룹 - [새 슬라이드]의 [슬라이드 개요]를 클릭합니다.
❷ [개요 삽입] 대화상자에서 [문서] 폴더를 클릭하고 [모든 파일]을 선택합니다.
❸ [신메뉴.pptx] 파일을 선택하고 [삽입] 버튼을 클릭합니다.

연습-02-02
완성 파일 : 연습02-02(완성).pptx

01 슬라이드 1만 배경색을 "검정, 배경 1"로 변경하시오.

❶ 슬라이드 1을 클릭하고 [디자인] 탭 - [사용자 지정] 그룹의 [배경 서식]을 클릭합니다.
❷ [배경 서식] 창에서 [단색 채우기]를 체크하고 [색]을 [검정, 배경 1]로 선택합니다.

02 슬라이드 7만 "참고사항" 텍스트가 표시된 슬라이드 바닥글을 삽입하시오.

❶ 슬라이드 7를 클릭하고 [삽입] 탭 - [텍스트] 그룹 - [머리글/바닥글]을 클릭합니다.
❷ [머리글/바닥글] 대화상자의 바닥글에 체크한 후 '참고사항' 텍스트를 입력하고 [적용] 버튼을 클릭합니다.

연습-02-03 ───────────────────────────────── 완성 파일 : 연습02-03(완성).pptx

> 01 "결론" 구역의 이름을 "마무리"로 바꾸시오.

❶ '결론' 구역을 선택하고 [홈] 탭 - [슬라이드] 그룹 - [구역]의 [구역 이름 바꾸기]를 클릭합니다.

참고 해당 구역에서 마우스 오른쪽 버튼을 클릭한 후 바로 가기 메뉴의 [구역 이름 바꾸기]를 클릭해도 됩니다.

❷ [구역 이름 바꾸기] 대화상자에서 구역 이름에 '마무리'를 입력하고 [이름 바꾸기] 버튼을 클릭합니다.

CHAPTER 03 연습문제 해설

연습-03-01
완성 파일 : 연습03-01(완성).pptx

01 슬라이드 2의 글머리 기호 목록이 두 단으로 표시되도록 서식을 지정하시오.

❶ 슬라이드 2의 글머리 기호 목록 개체를 선택합니다.
❷ [홈] 탭 - [단락] 그룹의 [단 추가 또는 제거]에서 [2단]을 클릭합니다.

02 슬라이드 3의 제목 "시험 준비하기" 글꼴 색을 "바다색, 강조 1"로 변경한 후 문자 간격을 "1pt" 넓게 변경하시오.

❶ 슬라이드 3의 '시험 준비하기' 제목 텍스트를 드래그하여 블록으로 지정합니다.
❷ [홈] 탭 - [글꼴] 그룹의 를 클릭하여 [글꼴] 대화상자를 엽니다.
❸ [글꼴] 대화상자의 [글꼴] 탭에서 글꼴 색을 [바다색, 강조 1]로 선택합니다.
❹ [글꼴] 대화상자의 [문자 간격] 탭에서 간격을 '넓게', 값은 '1pt'로 설정한 후 [확인] 버튼을 클릭합니다.

연습-03-02
완성 파일 : 연습03-02(완성).pptx

01 슬라이드 1의 말풍선 도형에 8번 슬라이드로 이동하는 하이퍼링크를 추가하시오.

❶ 슬라이드 1의 말풍선 도형을 클릭하고 [삽입] 탭 - [링크] 그룹 - [링크]를 클릭합니다.
❷ [하이퍼링크 삽입] 대화상자에서 [연결 대상]의 [현재 문서]에서 슬라이드 제목 '8. 문의'를 클릭한 후 [확인] 버튼을 클릭합니다.

02 슬라이드 8 "검색" 텍스트에 "http://www.naver.com"로 이동하는 하이퍼링크를 추가하시오.

❶ 슬라이드 8의 '검색' 텍스트를 클릭하고 [삽입] 탭 - [링크] 그룹 - [링크]를 클릭합니다.
❷ [하이퍼링크 삽입] 대화상자에서 [연결 대상]의 [기존 파일/웹 페이지]에서 [주소]에 'http://www.naver.com'을 입력하고 [확인] 버튼을 클릭합니다.

연습-03-03
완성 파일 : 연습03-03(완성).pptx

> 01 슬라이드 6에서 "책" 이미지를 자르기 하여 검은색 영역을 제거하시오. 잘린 이미지가 "교실" 이미지의 상단과 하단에 맞춰져야 합니다. 이미지 너비는 바뀌지 않도록 유지하시오.(참고 : 잘라진 영역을 영구적으로 제거하지 마시오.)

❶ 슬라이드 6의 책 이미지를 클릭한 후 [그림 서식] 탭 - [크기] 그룹 - [자르기]를 클릭합니다.
❷ 이미지 하단의 검은색 영역을 교실 이미지 하단에 맞게 드래그하여 제거합니다.

> 02 "학습법 공모전 개최" 슬라이드의 이미지에 "단순형 프레임, 검정" 그림 스타일과 "분필 스케치" 꾸밈 효과를 이미지에 적용하시오.

❶ '학습법 공모전 개최' 슬라이드의 이미지를 클릭하고 [그림 서식] 탭 - [그림 스타일] 그룹의 ▼를 클릭합니다.
❷ [단순형 프레임, 검정] 그림 스타일을 클릭합니다.
❸ [그림 서식] 탭 - [조정] 그룹 - [꾸밈 효과]를 클릭하고, [분필 스케치] 꾸밈 효과를 클릭합니다.

연습-03-04
완성 파일 : 연습03-04(완성).pptx

> 01 "문의" 슬라이드의 전화 그래픽의 대체 텍스트를 장식으로 표시하여 화면 읽기 프로그램이 무시하도록 설정하시오.

❶ '문의' 슬라이드의 전화 그래픽을 클릭하고, [그림 서식] 탭 - [접근성] 그룹의 [대체 텍스트]를 클릭합니다.
❷ [대체 텍스트] 대화상자에서 [장식으로 표시]에 체크합니다.

> 02 슬라이드 2의 별 도형을 타원 도형으로 변경하고, 채우기 색을 "노랑"으로 도형 윤곽선 색을 "주황, 강조 2"로 변경하시오.

❶ 슬라이드 2에 있는 별 도형을 클릭하고 [도형 서식] 탭 - [도형 삽입] 그룹 - [도형 편집]을 클릭합니다.
❷ [도형 모양 변경]의 [기본 도형]에서 [타원]을 클릭합니다.
❸ [도형 서식] 탭 - [도형 스타일] 그룹 - [도형 채우기]에서 [노랑]을 클릭합니다.
❹ [도형 서식] 탭 - [도형 스타일] 그룹 - [도형 윤곽선]에서 [주황, 강조 2]를 클릭합니다.

연습-03-05

완성 파일 : 연습03-05(완성).pptx

> **01** 슬라이드 2에서 커피 이미지 3개의 아래쪽 가장자리를 맞추고, 그룹화하시오.

❶ 슬라이드 2에 있는 커피 이미지 3개를 `Ctrl` 키를 눌러 모두 선택한 후 [그림 서식] 탭 - [정렬] 그룹 - [맞춤] - [아래쪽 맞춤]을 클릭합니다.

❷ [그림 서식] 탭 - [정렬] 그룹 - [그룹화] - [그룹]을 클릭합니다.

> **02** 슬라이드 3에서 가장 큰 이미지를 다른 이미지 뒤로 보내시오.

❶ 슬라이드 3에서 가장 큰 이미지를 클릭하고 [그림 서식] 탭 - [정렬] 그룹 - [뒤로 보내기] - [맨 뒤로 보내기]를 클릭합니다.

참고 마우스 오른쪽 버튼을 클릭하여 바로 가기 메뉴의 [맨 뒤로 보내기]를 클릭해도 됩니다.

> **03** 슬라이드 1의 제목 텍스트 상자를 슬라이드의 중간에 세로로 맞추시오.

❶ 슬라이드 1의 제목 텍스트 상자를 선택하고 [도형 서식] 탭 - [정렬] 그룹 - [맞춤] - [중간 맞춤]을 클릭합니다.

CHAPTER 04 연습문제 해설

연습-04-01
완성 파일 : 연습04-01(완성).pptx

01 "교안 신청 교과목" 슬라이드에 2열, 5행의 표를 삽입하고 "보통 스타일 2 - 강조 2" 스타일을 적용하시오. 행에 색이 번갈아 적용되지 않도록 표 스타일 옵션을 변경하시오.

❶ '교안 신청 교과목' 슬라이드를 클릭하고 [삽입] 탭 - [표] 그룹 - [표] - [표 삽입]을 클릭합니다.
❷ [표 삽입] 대화상자에서 [열 개수]에 '2', [행 개수]에 '5'를 입력하고 [확인] 버튼을 클릭합니다.
❸ [테이블 디자인] 탭 - [표 스타일] 그룹의 ▼를 클릭합니다.
❹ [보통 스타일 2 - 강조 2] 표 스타일을 클릭합니다.
❺ [테이블 디자인] 탭 - [표 스타일 옵션] 그룹의 [줄무늬 행]에 체크를 해제합니다.

연습-04-02
완성 파일 : 연습04-02(완성).pptx

01 "학부별 신청 현황" 슬라이드의 내용 개체 틀에 표 내용이 표시된 원형 차트를 만드시오. 차트 워크시트에 표 데이터를 분석하여 붙여 넣거나 수동으로 입력할 수 있습니다.

❶ '학부별 신청 현황' 슬라이드의 내용 개체 틀에 있는 [차트 삽입]을 클릭합니다.
❷ [차트 삽입] 대화상자에서 [원형] - [원형] 차트를 클릭한 후 [확인] 버튼을 클릭합니다.
❸ 차트가 삽입되면 표의 전체 내용을 드래그하여 블록으로 설정한 후 Ctrl + C 키를 눌러 복사합니다.
❹ [A1] 셀에 클릭한 후 Ctrl + V 키를 눌러 붙여 넣기하고 데이터가 없는 5행을 삭제합니다.
❺ 엑셀 창을 닫습니다.

연습-04-03
완성 파일 : 연습04-03(완성).pptx

> 01 슬라이드 2의 내용 개체 틀에 위에서부터 "중간고사 준비", "중간고사 응시", "과제제출"을 포함하는 세로 곡선 목록형 SmartArt 그래픽을 삽입하고 SmartArt 그래픽 색상을 "색상형 - 강조색"으로 변경하시오.

❶ 슬라이드 2에서 [삽입] 탭 - [일러스트레이션] 그룹 - [SmartArt]를 클릭합니다.
❷ [SmartArt 그래픽 선택] 대화상자에서 [목록형]의 [세로 곡선 목록형] SmartArt 그래픽을 선택하고 [확인] 버튼을 클릭한다.
❸ 삽입된 SmartArt 그래픽의 위쪽부터 텍스트 '중간고사 준비', '중간고사 응시', '과제제출'을 입력합니다.
❹ [SmartArt 디자인] 탭 - [SmartArt 스타일] 그룹 - [색 변경]을 클릭합니다.
❺ [색상형]의 [색상형 - 강조색]을 클릭합니다.

> 02 삽입한 SmartArt 그래픽의 마지막 도형에 "토론 참여" 텍스트를 표시하는 도형을 추가하시오.

❶ '과제 제출' 도형을 클릭하고 [SmartArt 디자인] 탭 - [그래픽 만들기] 그룹 - [도형 추가]의 [뒤에 도형 추가]를 클릭합니다.
❷ 삽입된 새 도형을 클릭하고 '토론 참여'를 입력합니다.

연습-04-04
완성 파일 : 연습04-04(완성).pptx

> 01 슬라이드 3의 3D 모델 보기를 위쪽 앞 오른쪽으로 변경하시오. 그런 다음 모델의 높이를 "7.07 cm", 너비를 "13.15 cm"로 크기를 조정하시오.

❶ 슬라이드 3의 3D 모델을 클릭하고 [3D 모델] 탭 - [3D 모델 보기] 그룹의 ▽를 클릭합니다.
❷ [위쪽 앞 오른쪽] 3D 모델 보기를 선택합니다.
❸ [3D 모델] 탭 - [크기] 그룹에서 [높이]를 '7.07 cm', [너비]를 '13.15 cm'로 입력하고 Enter 키를 누릅니다.

연습-04-05
완성 파일 : 연습04-05(완성).pptx

> 01 슬라이드 3에 동영상 폴더의 "애완동물.mp4" 비디오를 삽입하시오. "00:01"에서 시작하여 "00:03"에서 종료되도록 비디오를 트리밍하고, 비디오를 중단하기 전까지 연속적으로 반복 재생되도록 비디오를 설정하시오. 비디오의 정확한 크기와 위치는 중요하지 않습니다.

❶ 슬라이드 3에서 [삽입] 탭 - [미디어] 그룹 - [비디오]의 [이 디바이스]를 클릭합니다.
❷ [비디오 삽입] 대화상자에서 [동영상] 폴더를 선택합니다.
❸ [애완동물.mp4] 비디오 파일을 선택한 후 [삽입] 버튼을 클릭합니다.
❹ [재생] 탭 - [편집] 그룹의 [비디오 트리밍]을 클릭합니다.
❺ [비디오 트리밍] 대화상자에서 [시작 시간]에 '00:01', [종료 시간]에 '00:03'을 입력한 후 [확인] 버튼을 클릭합니다.
❻ [재생] 탭 - [비디오 옵션] 그룹 - [반복 재생]에 체크합니다.

CHAPTER 05 연습문제 해설

연습-05-01
완성 파일 : 연습05-01(완성).pptx

> 01 모든 슬라이드에 바람 화면 전환을 적용하시오. 모든 슬라이드가 자동으로 3초 후에 화면 전환이 되도록 전환 효과를 설정하시오.

❶ 모든 슬라이드를 선택하고 [전환] 탭 - [슬라이드 화면 전환] 그룹에서 ▼를 클릭한 후 [바람] 화면 전환 효과를 클릭합니다.

❷ [전환] 탭 - [타이밍] 그룹의 [다음 시간 후]를 체크한 후 '3'을 입력하고 Enter 키를 누릅니다.

연습-05-02
완성 파일 : 연습05-02(완성).pptx

> 01 마지막 슬라이드의 원형 도형에 8자 이동 경로 애니메이션을 적용하고, 애니메이션 재생 시간을 3초로 설정하시오.

❶ 마지막 슬라이드의 원형 도형을 클릭합니다.
❷ [애니메이션] 탭 - [애니메이션] 그룹의 ▼를 클릭합니다.
❸ [이동 경로]의 [반복] 애니메이션을 클릭합니다.
❹ [애니메이션] 탭 - [애니메이션] 그룹의 [효과 옵션]을 클릭하고 [8자]를 클릭합니다.
❺ [애니메이션] 탭 - [타이밍] 그룹에서 [재생 시간]에 '3'을 입력하고 Enter 키를 누릅니다.

> 02 슬라이드 5의 3개의 목록에 대해 나누기 애니메이션을 적용하고, 세로 바깥쪽으로 애니메이션 효과 옵션을 설정하시오.

❶ 슬라이드 5에서 3개의 목록을 선택하고 [애니메이션] 탭 - [애니메이션] 그룹의 ▼를 클릭합니다.
❷ [나타내기]의 [나누기] 애니메이션을 클릭합니다.
❸ [애니메이션] 그룹 - [효과 옵션]을 클릭하고 [세로 바깥쪽으로]를 클릭합니다.

1회 실전 모의고사 해설

MOS 365 PPT

프로젝트 01. 신입 교육

작업1 슬라이드 마스터에서 테마를 갤러리로 변경하시오.

① [보기] 탭 - [마스터 보기] 그룹 - [슬라이드 마스터]를 클릭합니다.
② [슬라이드 마스터] 탭 - [테마 편집] 그룹 - [테마]를 클릭하고 [갤러리]를 선택합니다.
③ [슬라이드 마스터] 탭 - [닫기] 그룹 - [마스터 보기 닫기]를 클릭합니다.

작업2 슬라이드 6의 글머리 기호 목록이 두 단으로 표시되도록 서식을 지정하시오.

① 슬라이드 6의 글머리 기호 목록 개체를 선택합니다.
② [홈] 탭 - [단락] 그룹의 [단 추가 또는 제거]에서 [2단]을 클릭합니다.

작업3 모든 슬라이드 화면이 자동으로 3초 후에 전환되도록 설정하시오.

① 모든 슬라이드를 선택합니다.

> **참고** 첫 번째 슬라이드를 클릭하고 Shift 키를 누른 상태에서 마지막 슬라이드를 클릭하거나 단축키 Ctrl + A 를 사용합니다.

② [전환] 탭 - [타이밍] 그룹의 [다음 시간 후]에 체크한 후 '3'을 입력하고 Enter 키를 누릅니다.

작업4 슬라이드 2에서 하트 도형을 타원 도형으로 변경하시오.

① 슬라이드 2에 있는 '하트' 도형을 클릭합니다.
② [도형 서식] 탭 - [도형 삽입] 그룹의 [도형 편집]을 클릭합니다.
③ [도형 모양 변경]의 [기본 도형]에서 [타원]을 클릭합니다.

작업5 페이지당 슬라이드 2개가 포함된 회색조의 프레젠테이션 유인물을 5매 인쇄하도록 설정하시오.

① [파일] 탭 - [인쇄]를 클릭합니다.

> **참고** 단축키 Ctrl + P 키를 눌러도 됩니다.

② [설정]의 '전체 페이지 슬라이드'의 목록을 버튼을 클릭한 후 [유인물]의 [2슬라이드]를 클릭합니다.
③ '컬러'의 목록 버튼을 클릭한 후 [회색조]를 클릭합니다. [복사본]에 '5'를 입력합니다.

> 작업6 슬라이드 1~3만 포함한 "회사 소개"라는 슬라이드 쇼를 재구성하시오.

❶ [슬라이드 쇼] 탭 - [슬라이드 쇼 시작] 그룹 - [슬라이드 쇼 재구성]의 [쇼 재구성]을 클릭합니다.
❷ [쇼 재구성] 대화상자에서 [새로 만들기] 버튼을 클릭합니다.
❸ [쇼 재구성 하기] 대화상자에서 [슬라이드 쇼 이름]에 '회사 소개'를 입력하고, [프레젠테이션에 있는 슬라이드]에서 '1, 2, 3' 슬라이드를 체크합니다. [추가] 버튼을 클릭하여 '재구성한 쇼에 있는 슬라이드'에 추가한 후 [확인] 버튼을 클릭합니다.
❹ [쇼 재구성] 대화상자에서 [닫기] 버튼을 클릭합니다.

프로젝트 02. 학교 소개

작업1 슬라이드 2의 회색조 보기에서 편지 아이콘의 회색조 설정을 회색조 반전으로 변경하시오.

① 슬라이드 2의 '편지' 아이콘을 클릭합니다.
② [보기] 탭 - [컬러/회색조] 그룹의 [회색조]를 클릭합니다.
③ [회색조] 탭 - [선택한 개체 변경] 그룹의 [회색조 반전]을 클릭합니다.
④ [닫기] 그룹 - [컬러 보기로 돌아가기]를 클릭합니다.

작업2 슬라이드의 크기를 너비 "19.028 cm", 높이 "33.867 cm"로 변경하시오. 내용의 배율을 조정하여 맞춤 확인하시오.

① [디자인] 탭 - [사용자 지정] 그룹의 [슬라이드 크기] - [사용자 지정 슬라이드 크기]를 클릭합니다.
② [슬라이드 크기] 대화상자에서 [너비] '19.028 cm', [높이] '33.867 cm'를 입력하고, [확인] 버튼을 클릭합니다.
③ '새 슬라이드에 맞게 크기를 조정합니다. 콘텐츠를 최대 크기로 조정하거나 새 슬라이드에 맞게 크기를 줄이시겠습니까?' 대화상자에서 [맞춤 확인] 버튼을 클릭합니다.

작업3 슬라이드 4의 내용 개체 틀에 위에서 아래로 "빅데이터", "AI", "휴먼"을 포함하는 세로 상자 목록형 SmartArt 그래픽을 삽입하시오.

① 슬라이드 4에서 [삽입] 탭 - [일러스트레이션] 그룹 - [SmartArt]를 클릭합니다.
② [SmartArt 그래픽 선택] 대화상자에서 [목록형]의 [세로 상자 목록형] SmartArt 그래픽을 선택하고 [확인] 버튼을 클릭합니다.
③ 삽입된 SmartArt 그래픽의 위쪽부터 텍스트 '빅데이터', 'AI', '휴먼'을 입력합니다.

작업4 슬라이드 6에서 "00:02"에 시작하여 "00:05"에 종료하도록 비디오를 트리밍하시오.

① 슬라이드 6의 비디오 개체를 클릭하고 [재생] 탭 - [편집] 그룹의 [비디오 트리밍]을 클릭합니다.
② [비디오 트리밍] 대화상자에서 [시작 시간]에 '00:02', [종료 시간]에 '00:05'를 입력한 후 [확인] 버튼을 클릭합니다.

작업5 슬라이드 1에서 원 도형이 오른쪽으로 이동하는 경로 애니메이션을 지정하시오.

① 슬라이드 1의 원 도형을 클릭합니다.
② [애니메이션] 탭 - [애니메이션] 그룹의 ▼를 클릭합니다.
③ [이동 경로] - [선]을 클릭합니다.
④ [애니메이션] 탭 - [애니메이션] 그룹 - [효과 옵션]을 클릭하고 [오른쪽]을 클릭합니다.

작업6 슬라이드 5, 6, 7에 시계 화면 전환 효과를 적용하시오.

① 슬라이드 5, 6, 7을 선택하고 [전환] 탭 - [슬라이드 화면 전환] 그룹의 ▼를 클릭합니다.
참고 슬라이드 5를 클릭하고 Shift 키를 누른 상태에서 슬라이드 7을 클릭합니다.
② [화려한 효과]의 [시계] 슬라이드 화면 전환 효과를 클릭합니다.

프로젝트 03. 빅데이터 동아리

작업1 "동아리 소개" 슬라이드에서 금속 타원 그림 스타일과 플라스틱 워프 꾸밈 효과를 이미지에 적용하시오.

❶ '동아리 소개' 슬라이드의 이미지를 클릭하고 [그림 서식] 탭 - [그림 스타일] 그룹의 ▼를 클릭합니다.
❷ [금속 타원] 그림 스타일을 클릭합니다.
❸ [그림 서식] 탭 - [조정] 그룹 - [꾸밈 효과]를 클릭하고 [플라스틱 워프] 꾸밈 효과를 클릭합니다.

작업2 "빅데이터 학습 동아리" 슬라이드에서 노트북 아이콘에 8자 이동 경로 애니메이션을 지정하시오.

❶ '빅데이터 학습 동아리' 슬라이드의 노트북 아이콘을 클릭합니다.
❷ [애니메이션] 탭 - [애니메이션] 그룹의 ▼를 클릭합니다.
❸ [이동 경로]의 [반복] 애니메이션을 클릭합니다.
❹ [애니메이션] 탭 - [애니메이션] 그룹의 [효과 옵션]을 클릭하고 [8자]를 클릭합니다.

작업3 프레젠테이션의 끝에 문서 폴더의 "동아리.pptx" 프레젠테이션의 슬라이드를 삽입하시오. 슬라이드 삽입 후 슬라이드 3은 "AI 동아리", 슬라이드 4는 "머신 러닝 동아리", 슬라이드 5는 "빅데이터 동아리"여야 합니다.

❶ 마지막 슬라이드를 클릭하고 [홈] 탭 - [슬라이드] 그룹 - [새 슬라이드]의 [슬라이드 개요]를 클릭합니다.
❷ [개요 삽입] 대화상자에서 [문서] 폴더를 선택하고 파일 형식을 [모든 파일]로 선택합니다.
❸ [동아리.pptx] 파일을 선택하고 [삽입] 버튼을 클릭합니다.

작업4 슬라이드 마스터에서 "빈 화면" 레이아웃을 기준으로 새 슬라이드 레이아웃을 만드시오. 새 슬라이드 레이아웃의 이름을 "차트 설명 텍스트"로 지정하시오. 왼쪽에 차트 개체 틀을, 오른쪽에 텍스트 개체 틀을 삽입하시오. 개체 틀의 정확한 크기와 위치는 중요하지 않습니다.

❶ [보기] 탭 - [마스터 보기] 그룹 - [슬라이드 마스터]를 클릭합니다.
❷ '빈 화면 레이아웃: 사용하는 슬라이드 없음'을 선택하고 [슬라이드 마스터] 탭 - [마스터 편집] 그룹 - [이름 바꾸기]를 클릭합니다.

> **참고** 마우스 오른쪽 버튼을 클릭한 후 바로 가기 메뉴에서 [레이아웃 이름 바꾸기]를 클릭해도 됩니다.

❸ [레이아웃 이름 바꾸기] 대화상자에서 레이아웃 이름에 '차트 설명 텍스트'를 입력하고 [이름 바꾸기] 버튼을 클릭합니다.
❹ [슬라이드 마스터] 탭 - [마스터 레이아웃] 그룹 - [개체 틀 삽입]의 [차트] 개체 틀을 클릭합니다.
❺ 슬라이드의 왼쪽에 드래그하여 차트 개체 틀을 삽입합니다.
❻ [슬라이드 마스터] 탭 - [마스터 레이아웃] 그룹의 [개체 틀 삽입]을 클릭하고 [텍스트] 개체 틀을 클릭합니다.
❼ 슬라이드의 오른쪽에 드래그하여 텍스트 개체 틀을 삽입합니다.
❽ [슬라이드 마스터] 탭 - [닫기] 그룹의 [마스터 보기 닫기]를 클릭합니다.

작업5	모든 슬라이드의 슬라이드 노트를 2매 인쇄하도록 옵션을 설정하시오. 1페이지의 모든 복사본은 2페이지의 복사본보다 먼저 인쇄되도록 하시오.

❶ [파일] 탭 - [인쇄]를 클릭합니다.

참고 단축키 Ctrl + P를 눌러도 됩니다.

❷ '전체 페이지 슬라이드'를 클릭한 후 [인쇄 모양]에서 [슬라이드 노트]를 클릭합니다. [복사본]에 '2'를 입력합니다.

❸ '한 부씩 인쇄'를 클릭한 후 [한 부씩 인쇄 안 함]을 클릭합니다.

프로젝트 04. 학습법 공모전

작업1 슬라이드 7에서 비디오를 중단하기 전까지 연속적으로 반복 재생되도록 설정하시오.

❶ 슬라이드 7의 비디오를 클릭하고 [재생] 탭 - [비디오 옵션] 그룹 - [반복 재생]을 체크합니다.

작업2 슬라이드 2에만 "개요" 텍스트가 표시된 바닥글 슬라이드를 삽입하시오.

❶ 슬라이드 2를 클릭하고 [삽입] 탭 - [텍스트] 그룹 - [머리글/바닥글]을 클릭합니다.
❷ [머리글/바닥글] 대화상자의 [바닥글]에 체크한 후 '개요' 텍스트를 입력하고 [적용] 버튼을 클릭합니다.

작업3 모든 슬라이드에 전환 효과 옵션을 블라인드로 설정하시오.

❶ 모든 슬라이드를 선택하고 [전환] 탭 - [슬라이드 화면 전환] 그룹에서 [블라인드] 화면 전환 효과를 클릭합니다.
참고 첫 번째 슬라이드를 클릭하고 Shift 키를 누른 상태에서 마지막 슬라이드를 클릭하거나 단축키 Ctrl + A 를 사용합니다.

작업4 슬라이드 6에서 교재 이미지의 하단을 자르기 하여 검은색 영역을 제거하시오. 잘린 이미지의 상단 및 하단이 노트북 이미지의 상단 및 하단과 맞춰져야 합니다. 이미지 너비가 바뀌지 않도록 유의하시오.(참고 : 잘려진 영역을 프레젠테이션에서 영구적으로 제거하지 마시오.)

❶ 슬라이드 6의 교재 이미지를 클릭한 후 [그림 서식] 탭 - [크기] 그룹 - [자르기]를 클릭합니다.
❷ 이미지 하단의 검은색 영역을 노트북 이미지 하단에 맞추어 드래그하여 제거합니다.

작업5 슬라이드 4의 SmartArt 그래픽에서 "양식 작성" 도형 바로 뒤에 도형을 추가하시오. 새 도형에 "서류 제출" 텍스트를 삽입하시오. SmartArt 그래픽의 기존 도형은 변경하지 마시오.

❶ 슬라이드 4의 SmartArt 그래픽에서 '양식 작성' 도형을 클릭합니다.
❷ [SmartArt 디자인] 탭 - [그래픽 만들기] 그룹 - [도형 추가]의 [뒤에 도형 추가]를 클릭합니다.
❸ 삽입된 새 도형을 클릭하고 '서류 제출'을 입력합니다.

작업6 프레젠테이션의 슬라이드 크기를 화면 슬라이드 쇼(4:3)으로 변경하시오. 내용의 배율을 조정하여 맞춤 확인하시오.

❶ 모든 슬라이드를 선택하고 [디자인] 탭 - [사용자 지정] 그룹 - [슬라이드 크기]의 [사용자 지정 슬라이드 크기]를 클릭합니다.
❷ [슬라이드 크기] 대화상자에서 슬라이드 크기를 [화면 슬라이드 쇼(4:3)]으로 선택하고 [확인] 버튼을 클릭합니다.
❸ [새 슬라이드에 맞게 크기를 조정합니다. 콘텐츠를 최대 크기로 조정하거나 새 슬라이드에 맞게 크기를 줄이시겠습니까?] 대화상자에서 [맞춤 확인] 버튼을 클릭합니다.

작업7 "학습법 공모전" 구역의 이름을 "개요"로 바꾸시오.

❶ '학습법 공모전' 구역을 선택하고 [홈] 탭 - [슬라이드] 그룹 - [구역]의 [구역 이름 바꾸기]를 클릭합니다.
참고 해당 구역에서 마우스 오른쪽 버튼을 클릭한 후 바로 가기 메뉴의 [구역 이름 바꾸기]를 클릭해도 됩니다.
❷ [구역 이름 바꾸기] 대화상자에서 구역 이름에 '개요'를 입력하고 [이름 바꾸기] 버튼을 클릭합니다.

프로젝트 05. 교안 구매

작업1 슬라이드 6에서 내용 영역에 있는 텍스트 상자를 슬라이드 중간에 세로로 맞추시오.

❶ 슬라이드 6의 내용 영역의 텍스트 상자를 클릭하고 [도형 서식] 탭 - [정렬] 그룹 - [맞춤]의 [중간 맞춤]을 클릭합니다.

작업2 슬라이드 2에서 가장 큰 책 이미지를 다른 책 이미지 뒤로 보내시오.

❶ 슬라이드 2에서 가장 큰 책 이미지를 클릭하고 [그림 서식] 탭 - [정렬] 그룹 - [뒤로 보내기]의 [맨 뒤로 보내기]를 클릭합니다.

참고 마우스 오른쪽 버튼을 클릭한 후 바로 가기 메뉴의 [맨 뒤로 보내기]를 클릭해도 됩니다.

작업3 슬라이드 5에서 제목 "구매 방법"의 글꼴 색을 "황금색, 강조 1"로 변경한 후 문자 간격을 "넓게", "1.5 pt"로 변경하시오.

❶ 슬라이드 5의 '구매 방법' 제목 텍스트를 드래그하여 블록으로 지정합니다.
❷ [홈] 탭 - [글꼴] 그룹의 ⬜를 클릭합니다.
❸ [글꼴] 대화상자의 [글꼴] 탭에서 [글꼴 색]을 [황금색, 강조 1]을 클릭합니다.
❹ [글꼴] 대화상자의 [문자 간격] 탭에서 [간격]을 '넓게', [값]을 '1.5pt'로 설정한 후 [확인] 버튼을 클릭합니다.

작업4 슬라이드 6에서 물음표 아이콘의 대체 텍스트를 장식으로 표시하여 화면 읽기 프로그램이 무시하도록 설정하시오.

❶ 슬라이드 6의 물음표 이미지를 클릭하고, [그림 서식] 탭 - [접근성] 그룹의 [대체 텍스트]를 클릭합니다.
❷ [대체 텍스트] 창에서 [장식으로 표시]에 체크합니다.

작업5 슬라이드 3에 "과목명 추가" 메모를 삽입하시오. 슬라이드에서 메모의 정확한 위치는 중요하지 않습니다.

❶ 슬라이드 3을 클릭하고 [검토] 탭 - [메모] 그룹의 [새 메모]를 클릭합니다.
❷ [메모] 창에서 '과목명 추가'를 입력합니다.
❸ Ctrl + Enter 키를 눌러 메모를 게시합니다.

작업6 유인물 마스터에서 "안내"가 표시되도록 왼쪽 바닥글을 변경하시오.

❶ [보기] 탭 - [마스터 보기] 그룹의 [유인물 마스터]를 클릭합니다.
❷ 유인물 마스터의 왼쪽 하단에 있는 바닥글 텍스트 상자에 '안내'를 입력합니다.
❸ [유인물 마스터] 탭 - [닫기] 그룹의 [마스터 보기 닫기]를 클릭합니다.

프로젝트 06. 반려동물

작업1 슬라이드 2의 3D 모델에 도착 애니메이션 효과를 적용하시오.

❶ 슬라이드 2의 3D 모델을 선택하고 [애니메이션] 탭 - [애니메이션] 그룹에서 [도착] 애니메이션을 클릭합니다.

작업2 슬라이드 5의 배경색을 "흰색, 배경 1"로 변경하시오.

❶ 슬라이드 5를 클릭하고 [디자인] 탭 - [사용자 지정] 그룹의 [배경 서식]을 클릭합니다.
❷ [배경 서식] 창의 [단색 채우기]가 체크된 상태에서 [색]을 [흰색, 배경 1]로 선택합니다.

작업3 프레젠테이션에서 숨겨진 문서 속성과 개인 정보를 제거하시오. 다른 내용은 제거하지 마시오.

❶ [파일] 탭 - [정보] - [문제 확인] - [문서 검사]를 클릭합니다.
❷ [문서 검사 주의 사항] 대화상자에서 [예(Y)] 버튼을 클릭합니다.
❸ [문서 검사] 대화상자에서 [검사] 버튼을 클릭합니다.
❹ 문서 속성 및 개인 정보의 [모두 제거] 버튼을 클릭합니다.
❺ [문서 검사] 대화상자의 [닫기] 버튼을 클릭합니다.

작업4 슬라이드 6에 동영상 폴더의 "반려동물.mp4" 비디오를 삽입하시오. 비디오의 정확한 크기와 위치는 중요하지 않습니다.

❶ 슬라이드 6에서 [삽입] 탭 - [미디어] 그룹 - [비디오]의 [이 디바이스]를 클릭합니다.
❷ [비디오 삽입] 대화상자에서 [동영상] 폴더를 선택합니다.
❸ [반려동물.mp4] 비디오 파일을 선택한 후 [삽입] 버튼을 클릭합니다.

작업5 슬라이드 1에서 슬라이드 확대/축소 링크를 슬라이드 7, "반려 동물"에 삽입하시오. 슬라이드 확대/축소 미리보기를 제목 도형 오른쪽으로 위치를 변경하시오. 미리보기의 정확한 위치와 크기는 중요하지 않습니다.

❶ 슬라이드 1을 클릭하고 [삽입] 탭 - [링크] 그룹 - [확대/축소]의 [슬라이드 확대/축소]를 클릭합니다.
❷ [슬라이드 확대/축소 삽입] 대화상자에서 '7. 반려 동물' 슬라이드에 체크한 후 [삽입] 버튼을 클릭합니다.
❸ 삽입된 링크를 부제목 아래로 드래그하여 위치를 변경합니다.

2회 실전 모의고사 해설

프로젝트 01. 코칭상담사

작업1 슬라이드 마스터에서 슬라이드의 날짜 개체 틀을 추가하시오.

① [보기] 탭 - [마스터 보기] 그룹 - [슬라이드 마스터]를 클릭합니다.
② 첫 번째 슬라이드를 클릭하고, [슬라이드 마스터] 탭 - [마스터 레이아웃] 그룹의 [마스터 레이아웃]을 클릭합니다.
③ [마스터 레이아웃] 대화상자에서 [날짜]를 체크한 후 [확인] 버튼을 클릭합니다.
④ [슬라이드 마스터] 탭 - [닫기] 그룹의 [마스터 보기 닫기]를 클릭합니다.

작업2 슬라이드 1에서 "코칭상담사" 제목 텍스트 상자의 채우기 색을 "바다색, 강조 4"로 하고 도형 윤곽선 색을 "흰색, 배경 1"로 변경하시오.

① 슬라이드 1의 '코칭상담사' 제목 텍스트 상자를 클릭하고 [도형 서식] 탭 - [도형 스타일] 그룹 - [도형 채우기]의 [바다색, 강조 4]를 클릭합니다.
② [도형 서식] 탭 - [도형 스타일] 그룹 - [도형 윤곽선]의 [흰색, 배경 1]을 클릭합니다.

작업3 슬라이드 4의 목록을 세로 곡선 목록형 SmartArt 그래픽으로 변환하시오.

① 슬라이드 4의 목록을 클릭하고 [홈] 탭 - [단락] 그룹 - [SmartArt로 변환]의 [기타 SmartArt 그래픽]을 클릭합니다.
② [SmartArt 그래픽 선택] 대화상자에서 [목록형]의 [세로 곡선 목록형] SmartArt 그래픽을 선택하고 [확인] 버튼을 클릭합니다.

작업4 슬라이드 2의 3D 모델 보기를 위쪽 뒤 왼쪽으로 변경하시오. 그런 다음 모델의 높이를 "9. 77 cm"로 크기를 조정하시오.

① 슬라이드 2의 3D 모델을 클릭하고 [3D 모델] 탭 - [3D 모델 보기] 그룹의 ▼를 클릭합니다.
② [위쪽 뒤 왼쪽] 3D 모델 보기를 클릭합니다.
③ [3D 모델] 탭 - [크기] 그룹에서 [높이]를 '9.77 cm'로 입력하고 Enter 키를 누릅니다.

| 작업5 | 모든 슬라이드에 깜빡이기 화면 전환을 적용하시오. |

❶ 모든 슬라이드를 선택하고 [전환] 탭 - [슬라이드 화면 전환] 그룹에서 ▼를 클릭합니다.

참고 첫 번째 슬라이드를 클릭하고 Shift 키를 누른 상태에서 마지막 슬라이드를 클릭하거나 단축키 Ctrl + A 를 사용합니다.

❷ [은은한 효과]의 [깜빡이기] 화면 전환 효과를 클릭합니다.

| 작업6 | 슬라이드 5에서 3개의 목록에 나누기 애니메이션 및 가로 안쪽으로 효과 옵션을 적용하시오. 마우스를 한 번씩 클릭할 때마다 차례로 하나의 목록이 나타나도록 애니메이션을 설정하시오. |

❶ 슬라이드 5에서 3개의 목록을 선택하고 [애니메이션] 탭 - [애니메이션] 그룹 - [나누기] 애니메이션을 클릭합니다.
❷ [애니메이션] 그룹 - [효과 옵션]을 클릭하고 [가로 안쪽으로]를 클릭합니다.
❸ [애니메이션] 탭 - [타이밍] 그룹에서 [시작]을 [클릭할 때]로 선택합니다.

프로젝트 02. 포럼

작업1 슬라이드 마스터에서 테마를 천체로 변경하시오.

❶ [보기] 탭 - [마스터 보기] 그룹의 [슬라이드 마스터]를 클릭합니다.
❷ [슬라이드 마스터] 탭 - [테마 편집] 그룹 - [테마]의 [천체] 테마를 클릭합니다.
❸ [슬라이드 마스터] 탭 - [닫기] 그룹 - [마스터 보기 닫기]를 클릭합니다.

작업2 페이지당 슬라이드 3개가 포함된 유인물을 5매 인쇄하도록 인쇄 옵션을 지정하시오.

❶ [파일] 탭 - [인쇄]를 클릭합니다.
❷ [설정]의 '전체 페이지 슬라이드'를 클릭해 [유인물]의 [3슬라이드]를 클릭합니다.
❸ [복사본]에 '5'를 입력합니다.

작업3 모든 슬라이드가 자동으로 3초 후에 화면 전환이 되도록 밝기 변화 화면 전환 효과를 구성하시오.

❶ 모든 슬라이드를 선택하고 [전환] 탭 - [슬라이드 화면 전환] 그룹에서 [밝기 변화] 화면 전환 효과를 클릭합니다.
  참고 첫 번째 슬라이드를 클릭하고 [Shift] 키를 누른 상태에서 마지막 슬라이드를 클릭하거나 단축키 [Ctrl] + [A]를 사용합니다.
❷ [전환] 탭 - [타이밍] 그룹의 [다음 시간 후]를 체크한 후 '3'을 입력하고 [Enter] 키를 누릅니다.

작업4 슬라이드 3에서 자동차 이미지에 대체 텍스트를 장식으로 표시하여 화면 읽기 프로그램이 무시하도록 설정하시오.

❶ 슬라이드 3의 자동차 이미지를 클릭하고, [그림 서식] 탭 - [접근성] 그룹의 [대체 텍스트]를 클릭합니다.
❷ [대체 텍스트] 창에서 [장식으로 표시]에 체크합니다.

작업5 프레젠테이션을 항상 읽기 전용으로 열기로 설정하시오.

❶ [파일] 탭 - [정보] - [프레젠테이션 보호]를 클릭하고 [항상 읽기 전용으로 열기]를 클릭합니다.

프로젝트 03. 커피 전문점

작업1 "디저트 스토리" 슬라이드에서 하트 도형 5개가 슬라이드 오른쪽 위에서 시작하는 애니메이션으로 수정하시오. 애니메이션 재생 시간은 1.5초로 설정하시오.

❶ '디저트 스토리' 슬라이드의 하트 도형 5개를 선택하고 [애니메이션] 탭 - [애니메이션] 그룹 - [효과 옵션]을 클릭한 후 [오른쪽 위에서]를 클릭합니다.

> **참고** 도형 선택은 Ctrl 키를 누른 상태에서 도형을 클릭합니다.

❷ [애니메이션] 탭 - [타이밍] 그룹 - [재생 시간]에 '1.5'를 입력한 후 Enter 키를 누릅니다.

작업2 "원두 스토리" 슬라이드에서 반사형 모서리가 둥근 직사각형 그림 스타일과 표식 꾸밈 효과를 이미지에 적용하시오.

❶ '원두 스토리' 슬라이드의 이미지를 클릭하고 [그림 서식] 탭 - [그림 스타일] 그룹의 ▼를 클릭합니다.
❷ [반사형 모서리가 둥근 직사각형] 그림 스타일을 클릭합니다.
❸ [그림 서식] 탭 - [조정] 그룹 - [꾸밈 효과]의 [표식] 꾸밈 효과를 클릭합니다.

작업3 "시장점유율" 슬라이드의 내용 개체 틀에 표 내용이 표시된 원형 차트를 삽입하시오. "전문점" 열을 항목으로 하고 "점유율" 열을 데이터 계열로 만드시오. 표 데이터를 수동으로 입력하거나 복사하여 붙여 넣을 수 있습니다.

❶ '시장점유율' 슬라이드의 내용 개체 틀에 있는 [차트 삽입]을 클릭합니다.
❷ [차트 삽입] 대화상자에서 [원형]의 [원형] 차트를 선택하고 [확인] 버튼을 클릭합니다.
❸ 차트가 삽입되면 표의 전체 내용을 선택하고 Ctrl + C 키를 눌러 복사합니다.
❹ [A1] 셀을 클릭하고 Ctrl + V 키를 눌러 붙여 넣은 후 표에 없는 행을 삭제하고 엑셀 창을 닫습니다.

작업4 "멤버십 소개" 슬라이드의 원형 도형에 "기프트 카드" 텍스트를 입력하시오.

❶ '멤버십 소개' 슬라이드의 원형 도형을 클릭하고 '기프트 카드' 텍스트를 입력합니다.

작업5 "시장점유율" 슬라이드 다음에 "원두 스토리", "디저트 스토리", "멤버십 소개"에만 연결되는 요약 확대/축소 슬라이드를 삽입하시오. 슬라이드에 링크를 포함하지 마시오.

❶ '시장점유율' 슬라이드를 선택한 후 [삽입] 탭 - [링크] 그룹 - [확대/축소]의 [요약 확대/축소]를 클릭합니다
❷ [요약 확대/축소 삽입] 대화상자에서 '6. 원두 스토리', '7. 디저트 스토리', '8. 멤버십 소개'에만 체크한 후 [삽입] 버튼을 클릭합니다.

프로젝트 04. 신입생 모집

작업1 "추가 모집 학과" 슬라이드의 내용 개체 틀에 3열, 5행의 표를 삽입하시오. 머리글 첫 번째 열에 "학과", 두 번째 열에 "추가", 세 번째 열에 "인원수"를 입력하시오.

❶ '추가 모집 학과' 슬라이드의 내용 개체 틀에 있는 [표 삽입]을 클릭합니다.
❷ [표 삽입] 대화상자에서 [열 개수]는 '3', [행 개수]는 '5'를 입력하고 [확인] 버튼을 클릭합니다.
❸ 삽입된 표의 머리글 첫 번째 열을 클릭한 후 '학과'를 입력하고, 두 번째 열에 '추가', 세 번째 열에 '인원수'를 입력합니다.

작업2 "모집 학과" 슬라이드 다음에 문서 폴더의 "일반전형.docx" 문서의 개요를 슬라이드로 추가하시오.

❶ '모집 학과' 슬라이드를 클릭하고 [홈] 탭 - [슬라이드] 그룹 - [새 슬라이드]의 [슬라이드 개요]를 클릭합니다.
❷ [개요 삽입] 대화상자에서 문서 폴더의 [일반전형.docx] 개요 문서를 선택하고 [삽입] 버튼을 클릭합니다.

작업3 "모집 학과" 슬라이드에 표 내용이 표시된 묶은 세로 막대형 차트를 삽입하시오. "대학"을 항목으로 하고 "모집 인원"을 데이터 계열로 적용하시오. 차트 워크시트에 표 데이터를 복사하여 붙여넣거나 수동으로 입력할 수 있습니다.

❶ '모집 학과' 슬라이드의 내용 개체 틀에 있는 [차트 삽입]을 클릭합니다.v
❷ [차트 삽입] 대화상자에서 [세로 막대형]의 [묶은 세로 막대형] 차트를 선택하고 [확인] 버튼을 클릭합니다.
❸ 차트가 삽입되면 표의 전체 내용을 선택한 후 Ctrl + C 키를 눌러 복사합니다.
❹ [A1] 셀을 클릭하고, Ctrl + V 키를 눌러 붙여 넣은 후 표에 없는 열을 삭제하고 엑셀 창을 닫습니다.

작업4 "모집 일정" 슬라이드에서 "반투명 - 녹색, 강조 6, 윤곽선 없음" 도형 스타일을 물결 도형에 적용하시오.

❶ '모집 일정' 슬라이드의 물결 도형을 클릭하고 [도형 서식] 탭 - [도형 스타일] 그룹의 ▼를 클릭합니다.
❷ [반투명 - 녹색, 강조 6, 윤곽선 없음] 도형 스타일을 클릭합니다.

작업5 슬라이드 쇼 설정의 보기 형식을 대화형 자동 진행(전체 화면)으로 설정하시오.

❶ [슬라이드 쇼] 탭 - [설정] 그룹의 [슬라이드 쇼 설정]을 클릭합니다.
❷ [쇼 설정] 대화상자의 [보기 형식]에서 [대화형 자동 진행(전체 화면)]에 체크한 후 [확인] 버튼을 클릭합니다.

작업6 "지원 절차" 슬라이드에서 마우스 그래픽을 편지 그래픽의 너비 및 높이와 일치하도록 수정하시오.

❶ '지원 절차' 슬라이드의 편지 그래픽을 클릭하고 [그림 서식] 탭 - [크기] 그룹에서 높이와 너비를 확인합니다.
❷ 마우스 그래픽을 클릭하고 [그림 서식] 탭 - [크기] 그룹에서 편지 그래픽과 동일한 높이와 너비를 입력합니다.

프로젝트 05. 수강생 모집 안내

작업1 슬라이드 1에서 3D 모델 보기를 위쪽 앞 왼쪽으로 변경하시오.

❶ 슬라이드 1의 3D 모델을 클릭하고 [3D 모델] 탭 - [3D 모델 보기] 그룹의 ▼를 클릭합니다.
❷ [위쪽 앞 왼쪽] 모델 보기를 클릭합니다.

작업2 "서론" 구역의 이름을 "인사말"로 바꾸시오.

❶ '서론' 구역을 선택하고 [홈] 탭 - [슬라이드] 그룹 - [구역]의 [구역 이름 바꾸기]를 클릭합니다.
참고 '서론' 구역에서 마우스 오른쪽 버튼을 클릭한 후 바로 가기 메뉴의 '구역 이름 바꾸기'를 클릭해도 됩니다.
❷ [구역 이름 바꾸기] 대화상자에서 구역 이름에 '인사말'을 입력하고 [이름 바꾸기] 버튼을 클릭합니다.

작업3 강습 추천 슬라이드에서 SmartArt 그래픽의 색을 "어두운 색 2 윤곽선"으로 변경하시오.

❶ '강습 추천' 슬라이드의 SmartArt 그래픽을 클릭하고 [SmartArt 디자인] 탭 - [SmartArt 스타일] 그룹의 [색 변경]을 클릭합니다.
❷ [기본 테마 색] - [어두운 색 2 윤곽선]을 클릭합니다.

작업4 문의 슬라이드에서 화살표 도형 7개 모두를 아래쪽 맞춤으로 설정하시오. 이미지를 가로로 이동하지 마시오.

❶ '문의' 슬라이드의 화살표 도형 7개를 Ctrl 키를 누른 상태에서 클릭하여 모두 선택하고 [도형 서식] 탭 - [정렬] 그룹 - [맞춤]의 [아래쪽 맞춤]을 클릭합니다.

작업5 슬라이드 4에서 수영하는 사람 이미지의 오른쪽 가장자리가 슬라이드의 오른쪽 가장자리와 일치하도록 자르시오. 다른 세 개의 가장자리가 바뀌지 않도록 유지하시오. 잘려진 부분을 프레젠테이션에서 영구적으로 제거하지 마시오.

❶ 슬라이드 4의 이미지를 클릭하고 [그림 서식] 탭 - [크기] 그룹의 [자르기]를 클릭합니다.
❷ 이미지를 슬라이드의 오른쪽 가장자리에 오도록 드래그하여 자릅니다.

작업6 슬라이드 마스터에서 날짜 개체 틀을 제거하시오.

❶ [보기] 탭 - [마스터 보기] 그룹 - [슬라이드 마스터]를 클릭합니다.
❷ 첫 번째 슬라이드를 클릭하고, [슬라이드 마스터] 탭 - [마스터 레이아웃] 그룹의 [마스터 레이아웃]을 클릭합니다.
❸ [마스터 레이아웃] 대화상자에서 [날짜] 체크를 해제한 후 [확인] 버튼을 클릭합니다.
❹ [슬라이드 마스터] 탭 - [닫기] 그룹의 [마스터 보기 닫기]를 클릭합니다.

프로젝트 06. 회사소개

작업1 프레젠테이션에서 숨겨진 문서 속성과 개인 정보를 제거하시오. 다른 내용은 제거하지 마시오.

❶ [파일] 탭 - [정보] - [문제 확인] - [문서 검사]를 클릭합니다.
❷ [문서 검사 주의 사항] 대화상자에서 [예(Y)] 버튼을 클릭합니다.
참고 대화상자가 열리지 않는다면 이 작업은 생략합니다.
❸ [문서 검사] 대화상자에서 [검사] 버튼을 클릭합니다.
❹ 문서 속성 및 개인 정보의 [모두 제거] 버튼을 클릭합니다.
❺ [문서 검사] 대화상자의 [닫기] 버튼을 클릭합니다.

작업2 슬라이드 4만 슬라이드 배경색을 녹색, 강조 6으로 변경하시오.

❶ 슬라이드 4를 클릭하고 [디자인] 탭 - [사용자 지정] 그룹의 [배경 서식]을 클릭합니다.
❷ [배경 서식] 창의 [단색 채우기]가 체크된 상태에서 [색]을 [녹색, 강조 6]으로 설정합니다.

작업3 슬라이드 1에서 슬라이드 확대/축소 링크를 슬라이드 5, "매장 내부"에 삽입하시오. 슬라이드 확대/축소 미리보기를 제목 아래로 위치하시오. 미리보기의 정확한 위치와 크기는 중요하지 않습니다.

❶ 슬라이드 1을 클릭하고 [삽입] 탭 - [링크] 그룹 - [확대/축소]의 [슬라이드 확대/축소]를 클릭합니다.
❷ [슬라이드 확대/축소 삽입] 대화상자에서 '5. 매장 내부' 슬라이드에 체크한 후 [삽입] 버튼을 클릭합니다.
❸ 삽입된 링크를 제목 아래로 드래그하여 위치를 변경합니다.

작업4 슬라이드 2에 동영상 폴더의 "커피.mp4" 비디오를 삽입하시오. 비디오의 정확한 크기와 위치는 중요하지 않습니다.

❶ 슬라이드 2에서 [삽입] 탭 - [미디어] 그룹 - [비디오]의 [이 디바이스]를 클릭합니다.
❷ [비디오 삽입] 대화상자에서 [동영상] 폴더를 선택한 후 [커피.mp4] 비디오 파일을 클릭하고 [삽입] 버튼을 클릭합니다.

작업5 슬라이드 5에 "사진 변경"이라는 메모를 삽입하시오. 슬라이드에서 메모의 정확한 위치는 중요하지 않습니다.

❶ 슬라이드 5를 클릭하고 [검토] 탭 - [메모] 그룹의 [새 메모]를 클릭합니다.
❷ [메모] 창에서 '사진 변경'을 입력합니다.
❸ Ctrl + Enter 키를 눌러 메모를 게시합니다.

MOS 365 PowerPoint Associate

초 판 발 행	2025년 06월 30일
발 행 인	박영일
책 임 편 집	이해욱
저 자	김경희 · 오해강
편 집 진 행	IT 교재연구팀
표 지 디 자 인	김경모
편 집 디 자 인	김지현
발 행 처	시대인
공 급 처	(주)시대고시기획
출 판 등 록	제 10-1521호
주 소	서울시 마포구 큰우물로 75 [도화동 538 성지 B/D] 9F
전 화	1600-3600
팩 스	02-701-8823
홈 페 이 지	www.edusd.co.kr

I S B N	979-11-383-9499-4 (13000)
정 가	15,000원

※이 책은 저작권법의 보호를 받는 저작물이므로 동영상 제작 및 무단전재와 배포를 금합니다.
※잘못된 책은 구입하신 서점에서 바꾸어 드립니다.